AI写作

爆款文案从入门到精通

叶龙◎编著

U0274561

清华大学出版社
北京

内 容 简 介

本书以 ChatGPT 和文心一言两大平台为主，为读者介绍了 180 多种 AI(Artificial Intelligence，人工智能)写作爆款文案的技巧，帮助读者快速获得创作灵感，实现爆款文案内容的创作！

全书共分两篇，分别为"ChatGPT 篇"和"文心一言篇"，具体内容按以下两条线展开。一条是技能线：通过 6 章内容详细讲解了 ChatGPT、文心一言两大平台的入门操作、向 AI 提问的技巧和文案写作技巧等内容，让读者能快速上手。一条是案例线：通过 10 章内容分别讲解了 ChatGPT、文心一言两大平台上的文案场景，分别为电商类文案、新媒体文案、短视频文案、艺术类文案、学术类文案、办公类文案、直播类文案、社交类文案、小说类文案和广告类文案。通过具体的文案场景，读者能更好地掌握运用 ChatGPT、文心一言生成文案的技巧。

本书结构清晰、语言简洁，具有很强的实用性和可操作性，适合以下人群阅读：一是文字工作者；二是相关行业的从业者，包括电商商家、新媒体编辑、短视频编导、艺术工作者、直播运营者、作家、广告策划等人群；三是文学、语言、计算机科学与技术等相关院校专业的学生。

图书在版编目(CIP)数据

AI 写作：爆款文案从入门到精通 / 叶龙编著.

北京：清华大学出版社，2024. 7. -- ISBN 978-7-302-66512-0

Ⅰ. H05-39

中国国家版本馆 CIP 数据核字第 2024YJ9396 号

责任编辑：张　瑜
装帧设计：杨玉兰
责任校对：周剑云
责任印制：刘海龙
出版发行：清华大学出版社
　　　　　网　　　址：https://www.tup.com.cn, https://www.wqxuetang.com
　　　　　地　　　址：北京清华大学学研大厦 A 座　　　　邮　　编：100084
　　　　　社 总 机：010-83470000　　　　　　　　　　邮　　购：010-62786544
　　　　　投稿与读者服务：010-62776969, c-service@tup.tsinghua.edu.cn
　　　　　质量反馈：010-62772015, zhiliang@tup.tsinghua.edu.cn
印 装 者：大厂回族自治县彩虹印刷有限公司
经　　销：全国新华书店
开　　本：170mm×240mm　　　印　　张：14.25　　　字　　数：270 千字
版　　次：2024 年 7 月第 1 版　　　　　　　　　　　印　　次：2024 年 7 月第 1 次印刷
定　　价：59.80 元

产品编号：105089-01

前　　言

秉承着二十大提出的"以中国式现代化全面推进中华民族伟大复兴，牢记空谈误国、实干兴邦，坚定信心、同心同德，埋头苦干、奋勇前进"的精神，我们致力于稳步发展科技，并力求创新。而作为目前最热门的方向之一——人工智能(AI)，在各行各业的需求声中不断快速发展。

人工智能的发展，能让更多的人解放双手，并且可以在一定程度上助力脑力活动，减轻人们的负担。人工智能拥有海量的数据库，能为我们的生活提供更便捷的服务。其中，最显著的功能就是为人们提供写作思路，借助 AI 生成文案。

在当今社会，不管是工作还是生活，都离不开文案写作，如朋友圈文案、个人简历、节日祝福语、广告文案等。正是因为文案写作与我们的生活紧密相联，所以如何创新就成为我们新的挑战。但是，创新是存在难度的，我们需要有灵感，才能有创新的机会，而 AI 创作就是灵感的来源方法之一。

AI 生成文案的代表工具主要有 ChatGPT 和文心一言，两者都可以通过对话进行知识的传递和灵感的激发。通过向 AI 提问，可以生成对应的文案内容。除此之外，这两个工具的灵活性很高，它们可以借助上下文进行回复，能够按照我们的要求联系上下文，然后再生成相应的文案。

我们可以通过不同的提示词向 AI 提问，让其生成我们想要的答案，并通过不断改变提示词，引导 AI 进行爆款文案的创作。本书为大家介绍了多种 AI 生成文案的技巧，并通过文案场景的应用，让读者了解并掌握实用技巧。综合来看，本书有以下两个亮点。

(1) 两大核心板块。本书共分为 ChatGPT 和文心一言两篇，主要讲解了 ChatGPT 和文心一言两大工具的操作技巧，还单独介绍了文心一言 App 的使用技巧，能帮助读者快速上手，获取灵感，进行爆款文案创作。

(2) 180 多种实操干货。本书提供了 180 多个实用的爆款文案写作技巧，还配有大量的图示案例，内容环环相扣，方便读者深层次地理解书中内容并执行操作。

本书内容由浅入深，理论＋实战相结合，无论是初学者还是已经有了一定 AI 文案创作经验的读者，都能从本书中得到一定的帮助。

特别提示：本书在编写时，是基于 ChatGPT-3.5、文心一言-3.5、文心一言 App 1.8.1.10 版本的界面截取的操作图片。需要注意的是，即使是相同的关键词，

ChatGPT 和文心一言每次的回复也会有差别，因此在扫码观看教程视频时，读者应把更多的精力放在 ChatGPT 和文心一言提示词的编写和操作步骤上。

　　本书部分章节配有二维码，手机扫码就可以观看学习。关键词、素材、效果请扫下面的二维码获取。

提示词　　　　素材　　　　效果

　　本书由叶龙编著，参与编写的人员还有刘芳芳，在此表示感谢。由于作者知识水平有限，书中难免有疏漏之处，恳请广大读者批评、指正。

编　者

学习方法与扩展

本书在编写时，主要以市场上最受欢迎的两大平台——ChatGPT 和文心一言为例进行介绍。但随着 AI 技术的发展，国内也逐渐出现了其他优秀的平台或工具，如 Kimi、智谱清言、通义、天工 AI、讯飞星火、秘塔等。无论是最热门的两大平台，还是这些国产工具，它们的使用方法实际上是大同小异的，核心都在于提问技巧、提示词的撰写和案例的应用。

由于一本书的篇幅有限，如果对所有工具都进行介绍，势必只能浅尝辄止，无法深入讲解。这也是本书选择重点且深入地讲解两大平台的原因。这里给大家提供一个学习方法：将提问技巧、提示词的撰写应用到其他软件中，这样大家能够举一反三、融会贯通，收获会更大。

为了提高大家的学习效率，并学到更多的知识，这里再以两个工具——Kimi 和智谱清言为例，说明写作文案的方法。

【第 1 例】：使用 Kimi 写作文案，具体的操作步骤如下。

（1）在百度浏览器中搜索 Kimi 网页版，找到其官网链接并单击，进入 Kimi 首页，根据提示进行登录。

（2）在 Kimi 首页左侧的导航栏中，点击"开启新会话"按钮，即可进入 Kimi 的会话窗口。

（3）在会话窗口底部的输入框中输入指令，单击 ▶ 按钮或按 Enter 键，将指令发送，Kimi 即可根据要求生成所需的文案，相关指令和回复内容如下。

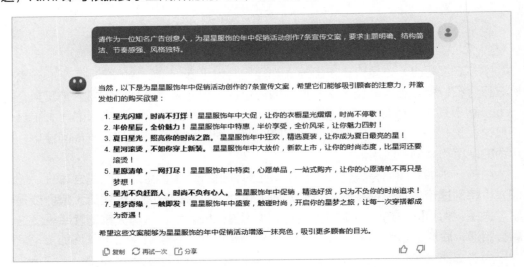

【第 2 例】：使用智谱清言写作文案，具体的操作步骤如下。

（1）在百度浏览器中搜索智谱清言，找到其官网链接并单击，进入智谱清言首页，单击"立即体验"按钮，进入智谱清言的对话页面，根据提示完成登录。

（2）在智谱清言对话页面的底部输入框中输入指令，单击 ➤ 按钮或按 Enter 键将其发送，即可获得智谱清言生成的文案，相关指令和回复内容如下。

GLM-4 ∨

用户

请作为一名自媒体文案大师，为"桂林山水之旅"这个主题撰写5个抖音短视频标题。要求：标题新潮有趣，能激发受众的好奇心、探索欲和点击欲

ChatGLM AI

1. 【秘境探险】桂林山水背后，隐藏着哪些神秘传说？
2. 【航拍奇观】你没看过的桂林山水，上帝视角下的绝美风光！
3. 【极限挑战】在桂林山水间，他们完成了哪些惊心动魄的挑战？
4. 【穿越千年】跟随古人足迹，探访桂林山水中的历史遗迹！
5. 【浪漫之旅】桂林山水间的爱情故事，哪一个最让你心动？

　　【**特别提示**】：无论是书中讲解的两大平台，还是这里举例的两个工具，或是通义、天工 AI、讯飞星火、秘塔等其他工具，以及未来可能出现的新工具或平台，无论是电脑版还是 App，其使用方法基本上都是相同的。大家运用这些共性的技巧，举一反三，便能收获颇丰。

目　　录

【ChatGPT 篇】

【文心一言篇】

【ChatGPT 篇】

第 1 章

认识 ChatGPT

学前提示

  ChatGPT 是 AI 文案的主要生成工具之一。用户登录 ChatGPT 平台后，通过输入相应的提示词便可以获得所需的文案，从而实现 AI 自动化生成文案。本章将带领大家熟悉 ChatGPT 平台的运用方法。

要点提示

▶ 基本操作：入门 ChatGPT

▶ 进阶用法：掌握更多操作

▶ 管理窗口：方便后续操作

1.1 基本操作：入门 ChatGPT

在 ChatGPT[①]平台中，用户可以通过指令或提示词让 ChatGPT 生成所需的文案，然后再将文案复制出来，或修改，或使用，从而达到 AI(Artificial Intelligence，人工智能)生成文案的目的。本节将为大家介绍运用 ChatGPT 生成文案的基本操作。

1.1.1 生成文案

登录 ChatGPT 后，打开 ChatGPT 的聊天窗口，即可开始进行对话，用户可以输入任何问题或话题，ChatGPT 将尝试回答并提供与主题有关的信息，下面介绍具体的操作方法。

扫码看视频

步骤 01 打开 ChatGPT 的聊天窗口，单击底部的输入框，如图 1-1 所示。

步骤 02 在 ChatGPT 的输入框中输入相应的提示词，如"请为电吹风产品写一段宣传文案，20 字以内"，如图 1-2 所示。

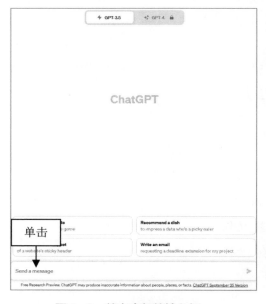

图 1-1 单击底部的输入框   图 1-2 输入相应的提示词

步骤 03 单击输入框右侧的"发送"按钮▶或按 Enter 键，随后 ChatGPT 即可根据要求生成相应的文案，如图 1-3 所示。

---

① ChatGPT 官方网站链接为：https://openai.com/blog/chatgpt。

请为电吹风产品写一段宣传文案，20字以内

"轻盈强风，造型速干。"

图 1-3　ChatGPT 生成相应的文案

1.1.2　停止生成文案

扫码看视频

　　用户在 ChatGPT 中发送消息后，ChatGPT 是以逐字输出的方式生成文案，当用户对当前所生成的文案表示存疑时，可以让 ChatGPT 停止生成文案，具体操作如下。

　　打开 ChatGPT 的聊天窗口，在输入框中输入"请提供两条适合美食记录的朋友圈文案"，按 Enter 键发送，ChatGPT 即可根据要求生成文案。单击下方的 Stop generating(停止生成)按钮，如图 1-4 所示，即可让 ChatGPT 停止生成文案。

图 1-4　单击 Stop generating 按钮停止生成文案

1.1.3　重新生成文案

扫码看视频

　　当用户对 ChatGPT 生成的回复不满意时，可以通过 Regenerate (重新生成)按钮让它重新生成回复，ChatGPT 会响应提示词更换表达方

式、改变内容来重新给出回复，具体操作步骤如下。

步骤 01 打开 ChatGPT 的聊天窗口，在 ChatGPT 已经生成文案或停止生成文案后，在输入框的上方单击 Regenerate(重新生成)按钮，如图 1-5 所示，即可重新生成文案。

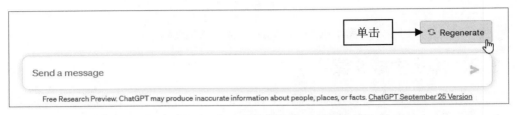

图 1-5　单击 Regenerate 按钮重新生成文案

步骤 02 重新生成文案后，会出现页码，如图 1-6 所示。每重新生成一次就会新增一页，前面生成过的回复会保留下来，单击页码左右两边的箭头可以进入上一页或下一页。

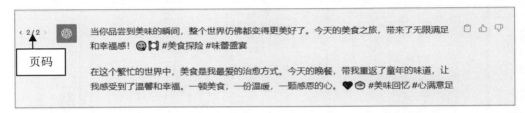

图 1-6　出现页码

1.1.4 移动鼠标复制

当用户需要复制 ChatGPT 生成的文案时，可以通过选择内容的方式将需要的内容复制到 Word 文档中，具体操作步骤如下。

扫码看视频

步骤 01 打开 ChatGPT 的聊天窗口，在输入框中输入"请提供 10 个关于友情的文章标题"提示词，按 Enter 键发送，ChatGPT 即可给出回复，如图 1-7 所示。

步骤 02 可以看到 ChatGPT 为用户提供了 10 个关于友情的文章标题，通过移动鼠标选择这些标题，单击鼠标右键，在弹出的快捷菜单中选择"复制"命令，如图 1-8 所示，即可复制 ChatGPT 生成的文章标题。

用户可以将所复制的文案粘贴至记事本、Word 文档等软件中，修改、保存作为备用。

图 1-7　ChatGPT 的回复

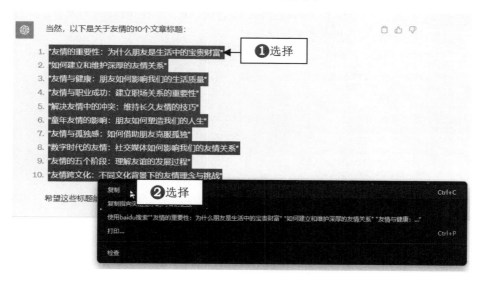

图 1-8　选择"复制"命令

1.1.5　单击"复制"按钮

除了通过选择内容的方式复制 ChatGPT 回复的内容外，ChatGPT 还自带"复制"按钮，可以让用户直接复制 ChatGPT 回复的完整内容，具体操作步骤如下。

扫码看视频

步骤 01 以上例中 ChatGPT 的回复为例，打开 ChatGPT 的聊天窗口，单击"复制"按钮▢，如图 1-9 所示，同样可以对 ChatGPT 生成的文案进行复制。

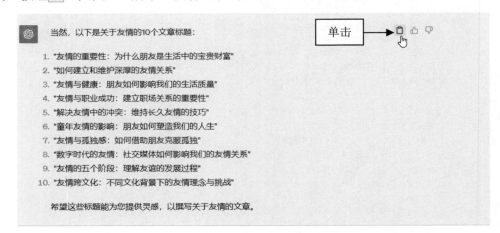

图 1-9　单击"复制"按钮▢

步骤 02 打开一个记事本，按 Ctrl＋V 组合键，即可粘贴所复制的内容，如图 1-10 所示，后续用户可以自行命名并保存。

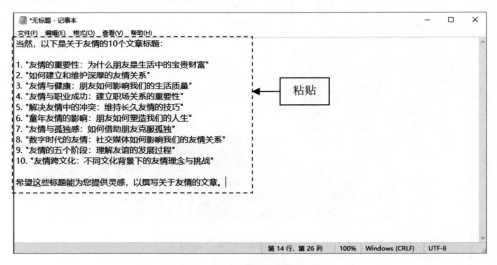

图 1-10　粘贴复制的内容

1.1.6　进行换行操作

在 ChatGPT 的输入框中输入内容时，可以对其进行分段、分行处理，具体操作步骤如下。

扫码看视频

步骤 01　打开 ChatGPT 的聊天窗口，在输入框中输入第 1 行内容"请将以下词汇组合成广告文案："，如图 1-11 所示。

步骤 02　按 Shift＋Enter 组合键即可换行，输入其他的内容"海洋、提取、舒缓、温和"，如图 1-12 所示，提供给 ChatGPT 完整的提示词，让其更多地生成我们所需的答案。

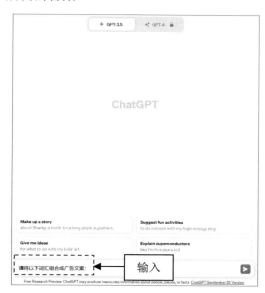

图 1-11　输入第 1 行信息内容　　　　图 1-12　换行输入内容

步骤 03　按 Enter 键发送，ChatGPT 即可根据提示词给出回复，如图 1-13 所示。

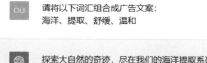

请将以下词汇组合成广告文案：
海洋、提取、舒缓、温和

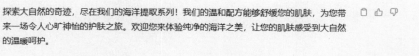

探索大自然的奇迹，尽在我们的海洋提取系列！我们的温和配方能够舒缓您的肌肤，为您带来一场令人心旷神怡的护肤之旅。欢迎您来体验纯净的海洋之美，让您的肌肤感受到大自然的温暖呵护。

图 1-13　ChatGPT 给出回复

1.1.7　改写发送信息

当给 ChatGPT 发送的指令或提示词有误或者不够精准时，可以对已发送的信息进行改写，具体操作步骤如下。

扫码看视频

9

步骤 01 以上一个例子为例，在 ChatGPT 的聊天窗口中，单击 按钮，如图 1-14 所示。

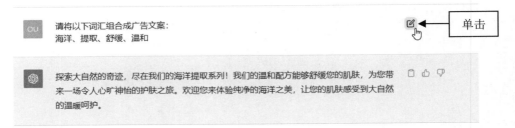

图 1-14　单击 按钮

步骤 02 执行操作后，即可对提示词进行改写，把"请将以下词汇组合成广告文案："改为"请将以下词汇组合成面膜的广告文案："，单击 Save & Submit(保存并提交)按钮，如图 1-15 所示。

图 1-15　单击 Save & Submit 按钮

步骤 03 执行操作后，ChatGPT 即可根据内容重新生成回复，同时会生成页码，如图 1-16 所示。

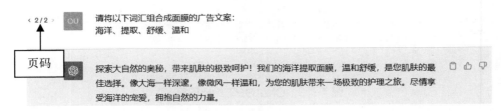

图 1-16　重新回复并生成页码

用户通过翻页可以查看之前生成的文案，通过对比选择更好的文案。

1.2　进阶用法：掌握更多操作

用户在掌握了 ChatGPT 的基本操作后，可以进一步掌握更多 ChatGPT 的用法，以便让 ChatGPT 真正为我们所用。本节将介绍一些 ChatGPT 的进阶用法。

1.2.1　制作图表

扫码看视频

ChatGPT 作为一个聊天机器模型，虽然主要以语言文字著名，但基于其智能数据库也能够生成图表，以帮助我们提高办公效率。ChatGPT 不能直接生成图表，但可以通过生成代码，再复制到 Mermaid.live 在线编辑器里，以此实现图表的制作。下面将举例介绍具体的操作方法。

步骤 01　在 ChatGPT 中输入"用 Mermaid.js 语言生成《三国演义》的人物关系图"，生成相应的回复，如图 1-17 所示。

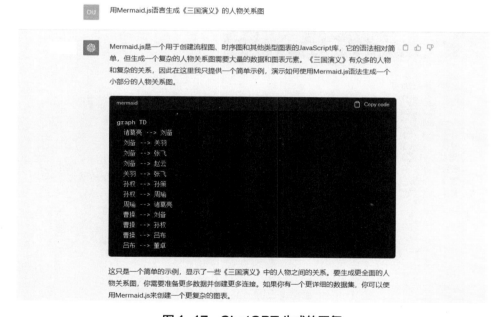

图 1-17　ChatGPT 生成的回复

步骤 02　单击 Copy code(复制代码)按钮，如图 1-18 所示。

步骤 03　在浏览器中找到并打开 Mermaid.live 线上编辑器，在其中粘贴复制代码，即可查看《三国演义》的人物关系简图，如图 1-19 所示。

Mermaid.js是一个用于创建流程图、时序图和其他类型图表的JavaScript库，它的语法相对简单，但生成一个复杂的人物关系图需要大量的数据和图表元素。《三国演义》有众多的人物和复杂的关系，因此在这里我只提供一个简单示例，演示如何使用Mermaid.js语法生成一个小部分的人物关系图。

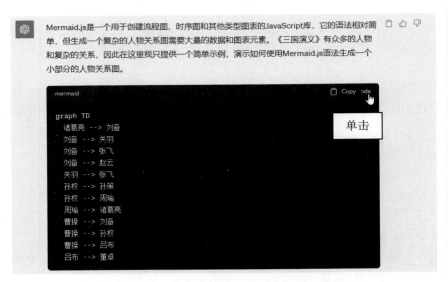

图 1-18　单击 Copy code(复制代码)按钮

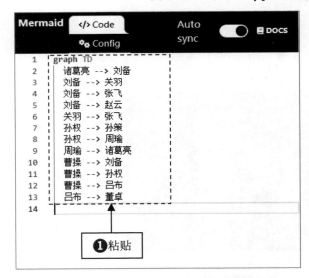

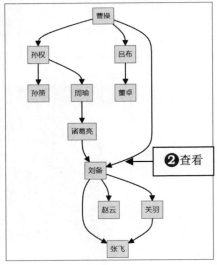

图 1-19　查看《三国演义》的人物关系简图

专家提醒

　　ChatGPT 生成图表只是作为一个提供代码的"帮手"，具体的任务还需要借助 Mermaid.live 线上编辑器来完成，这是 ChatGPT 的局限性，也是其发展机遇。需要注意的是，ChatGPT 生成的 Mermaid.js 代码可能会存在事实错误。

1.2.2　生成思维导图

　　思维导图是一种帮助我们理清思路、表达思想的图形思维工具。它具有图文并茂、简单实用、重点突出的特点，能帮助我们在日常生活和工作学习中做出高效的决策。

　　用户可以运用 ChatGPT 生成制作思维导图的代码，然后将代码复制到可以生成思维导图的网站中，便能够得到我们所需的思维导图。具体的操作方法如下。

　　步骤 01　让 ChatGPT 生成相应主题的大纲，如输入"提供一个暑假学习规划"提示词，ChatGPT 会生成完整的学习规划，内容展示如图 1-20 所示。

图 1-20　ChatGPT 生成的学习规划

步骤 **02** 让 ChatGPT 将学习规划转换为 OPML 代码，如输入"将上述学习规划转换为 OPML 代码"提示词，ChatGPT 会生成可以制作思维导图的代码，如图 1-21 所示。

图 1-21 ChatGPT 生成相应的代码

步骤 **03** 将 ChatGPT 生成的代码复制、粘贴至记事本中，保存并修改记事本的文件扩展名为.opml。在浏览器中搜索"幕布在线编辑"，选择"幕布"官方网站并进入，在"幕布用户"页面中单击"新建或导入文件"按钮●，如图 1-22 所示。

步骤 04 执行操作后，依次选择"导入"和"导入 OPML"选项，会弹出"导入 OPML"对话框，如图 1-23 所示。

图 1-22　单击相应按钮

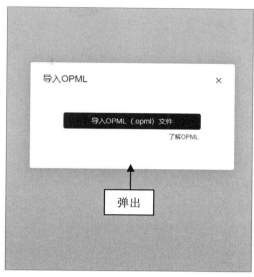

图 1-23　弹出"导入 OPML"对话框

步骤 05 单击"导入 OPML(.opml)文件"按钮，找到前面保存好的代码文件并打开，便可以将文件导入到"幕布编辑"页面中，如图 1-24 所示。

■ 我的文档 ｜ 暑假学习规划

暑假学习规划

- 第一阶段：设定目标和规划
  - 1. 设定学习目标
  - 2. 制定时间表
- 第二阶段：知识和技能学习
  - 3. 自学和在线课程
  - 4. 阅读
  - 5. 实践
- 第三阶段：健康和休闲
  - 6. 锻炼
  - 7. 休闲时间
- 第四阶段：监督和调整
  - 8. 定期检查进展
  - 9. 灵活性
- 第五阶段：总结和反思
  - 10. 总结
  - 11. 反思

图 1-24　导入 OPML(.opml)文件

步骤 06 单击"幕布编辑"页面右上角的"思维导图"按钮，即可生成以学习规划为内容的思维导图，如图 1-25 所示。

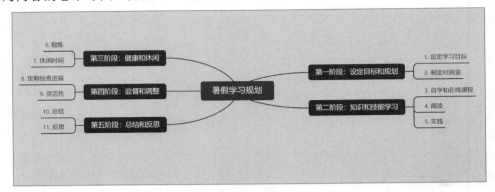

图 1-25 生成以学习规划为内容的思维导图

专家提醒

> OPML 是 Outline Processor Markup Language 的缩写，中文为大纲处理标记语言，是一种文件保存格式。"幕布"是一款可以线上编辑的思维概要整理工具，能够快速生成不同图形组合的思维导图。

1.3 管理窗口：方便后续操作

在 ChatGPT 中，用户每次登录账号后都会默认进入一个新的聊天窗口，而之前建立的聊天窗口会自动保存在左侧的聊天窗口列表中，用户可以根据需要对聊天窗口进行管理，包括新建、重命名以及删除等。

通过管理 ChatGPT 的聊天窗口，用户可以熟悉 ChatGPT 平台的相关操作，也可以让 ChatGPT 有序、高效地为我们所用。本节将介绍管理 ChatGPT 聊天窗口的方法。

1.3.1 新建聊天窗口

扫码看视频

在 ChatGPT 中，当用户想用一个新的主题与 ChatGPT 开始一段对话时，可以保留当前聊天窗口中的对话记录，新建一个聊天窗口。下面介绍具体的操作方法。

步骤 01 打开 ChatGPT 并进入一个使用过的聊天窗口，在左上角单击 New Chat(新建聊天窗口)按钮，如图 1-26 所示。

步骤 02 执行操作后，即可新建一个聊天窗口，在输入框中输入提示词，如"请创作一首赞颂四季的诗歌"，如图 1-27 所示。

步骤 03 单击输入框右侧的"发送"按钮▶或按 Enter 键，即可与 ChatGPT 开始对话，ChatGPT 会根据要求创作诗歌，如图 1-28 所示。

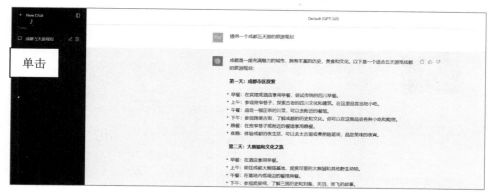

图 1-26　单击 New Chat 按钮

图 1-27　在输入框中输入提示词

图 1-28　ChatGPT 创作的诗歌

1.3.2　重命名聊天窗口

在 ChatGPT 的聊天窗口中生成对话后，聊天窗口会自动命名，如果用户觉得不满意，可以对聊天窗口进行重命名操作。下面介绍具体的操作方法。

扫码看视频

步骤 01 以上一例中新建的聊天窗口为例，选择聊天窗口，单击✎按钮，如图 1-29 所示。

图 1-29　单击∠按钮

步骤 02　执行操作后，即可出现名称编辑文本框，在文本框中可以修改名称，如图 1-30 所示。

图 1-30　修改名称

步骤 03　单击✔按钮，即可完成聊天窗口的重命名操作，如图 1-31 所示。

图 1-31　重命名聊天窗口

1.3.3 删除聊天窗口

扫码看视频

当用户在 ChatGPT 聊天窗口中完成了当前话题的对话之后，如果不想保留聊天记录，可以进行删除操作，将 ChatGPT 聊天窗口删除掉。下面介绍具体的操作方法。

步骤 01 选择一个聊天窗口，单击🗑按钮，如图 1-32 所示。

单击

图 1-32 单击🗑按钮

步骤 02 弹出 Delete chat？(删除聊天记录)对话框，如图 1-33 所示，如果确认删除聊天窗口，则单击 Delete(删除)按钮；如果不想删除聊天窗口，则单击 Cancel(取消)按钮。

图 1-33 弹出 Delete chat? 对话框

第 2 章

学会高效地提问

　　基于对 ChatGPT 的了解，我们知道 ChatGPT 发挥作用的关键在于恰到好处的提问，而要做到这一点，则需要我们掌握一定的提问技巧，即学会优化 ChatGPT 提示词。本章将介绍一些有效的方法，以帮助大家得心应手地运用 ChatGPT。

▶　挖掘方法：有效运用 ChatGPT

▶　优化技巧：生成满意回复

▶　实用指令：提高使用效率

2.1　挖掘方法：有效运用 ChatGPT

当我们想要 ChatGPT 提供帮助时，需要输入合适的提示词，让 ChatGPT 识别、理解并提供回复。因此，有效地运用 ChatGPT 的关键在于挖掘提示词。本节将为大家介绍一些 ChatGPT 提示词的挖掘方法。

2.1.1　细化提示词

挖掘提示词的第一步是细化提示词，即选择更为精准、贴切的提示词。提示词大致可以分为两类，一是较为宽泛的提示词，如在 ChatGPT 中输入"请写出 20 个短视频标题"时得到的回复如图 2-1 所示。

图 2-1　输入较为宽泛的提示词得到的回复

二是较为具体的提示词，如在 ChatGPT 中输入"请写出 20 个风景类的短视频标题"时得到的回复如图 2-2 所示。

图 2-2　输入较为具体的提示词得到的回复

由图 2-1 和图 2-2 可知，ChatGPT 对于宽泛的提示词和具体的提示词的识别度是不同的，会给用户提供不一样的回复。在输入宽泛的提示词时，ChatGPT 给出的回复会较为概念化，涉及多个方面的信息；而输入具体的提示词时，ChatGPT 会给出更贴近提问的回复。两种提示词各有其用处，用户选择输入哪种提示词取决于其真正的需求是什么。

2.1.2　明确主题

我们对 ChatGPT 提示词进行挖掘，实则是想要给予 ChatGPT 以提示，从而获得 ChatGPT 更为理想的回复。一般来说，用户选择较为宽泛的提示词进行提示，是想要 ChatGPT 生成一些事实性、概念性的回复，类似于"请说出世界上最高的山是哪座"的提示。

而用户选择较为具体的提示词进行提示，多数是想要 ChatGPT 提供一些灵活性、观念性的回复，类似于"用诗意的语言描述一下黄山"的提示。

从这一层面上看，用户选择较为宽泛的提示词并不难挖掘，反而是选择较为具体的提示词会有一定难度，因为想要 ChatGPT 生成提示的出发点不同。为此，挖掘提示词的方法在于如何对提示词进行具体的确定。

用户首先要明确提示的主题是什么，且在确定具体的提示词的基础上，明确提示的主题也应该是具体的。例如，用户想通过 ChatGPT 生成两则关于呼吁保护野生动物的宣传语，那么"呼吁保护野生动物"便是提示的主题，而"两则宣传语"则是用户的需求，组织一下语言，便可以在 ChatGPT 中输入"提供两则关于呼吁保护野生动物的宣传语"提示词，生成的回复如图 2-3 所示。

 提供两则关于呼吁保护野生动物的宣传语

 1. "保护野生动物，就是保护我们的未来。"
2. "与野生生物共舞，为了共同的生存。"

图 2-3　ChatGPT 生成的回复

简而言之，用户想要通过 ChatGPT 生成灵活性、观念性的回复，则需要在提示词提示上说明主题，主题需要具体到某个领域、某个行业或某个话题。

2.1.3　细化描述

当用户在给 ChatGPT 的提示词中说明了主题的情形下，仍旧没有得到理想的回复时，可以进一步细化主题描述，多加入一些限定语言或条件，具体的方法如下。

1. 加入限定语言

用户可以在拟写提示词时，加入一些副词、形容词等限定语言，让整体的提示词更加具体，更能接近我们所期待的答案。

例如，用户需要 ChatGPT 提供洗衣液电商产品的详情页文案，则在拟写提示词时，可以加入"突出产品的亮点和优势，有吸引力"等限定语言，整合为"提供洗衣液电商产品的详情页文案，要求突出产品的亮点和优势，有吸引力"，输入至 ChatGPT 的对话框中，得到的回复如图 2-4 所示。

产品名称：CrystalClean洗衣液

焦点亮点：

1. 高效清洁科技：
CrystalClean洗衣液采用最先进的清洁科技，能迅速、彻底清除衣物上的各类顽固污渍。不仅是洗涤，更是对衣物的深度呵护，保持清新如新。

2. 长久芳香体验：
独特的香氛配方，让衣物在洗涤后持久散发清新芬芳。感受清洁衣物中散发的自信与魅力。

3. 超强护色技术：
CrystalClean洗衣液拥有卓越的护色科技，有效锁定衣物颜色，防止因洗涤而褪色。让每一件衣物都如新，时刻闪耀光彩。

4. 温和低敏成分：
采用温和低敏感性成分，对肌肤温和无刺激。适合各类肌肤，为您和家人提供安心、愉悦的洗涤体验。

5. 高效省水配方：
CrystalClean洗衣液具有极佳的起泡性能，有效减少用水量。在追求高效清洁的同时，关爱地球，共同守护清新环境。

6. 一瓶多用，全面覆盖：
无论是机洗还是手洗，CrystalClean洗衣液都能轻松胜任。从日常清洁到特殊护理，一瓶满足全家各种需求。

选择PureElegance的CrystalClean洗衣液，是对生活品质的追求，为您的衣物注入清新与活力。从此，尽享纯净洗涤的美好时光。

图2-4　加入限定语言的提示得到的回复

对于上述示例，用户还可以进一步细化主题描述，如在同一个 ChatGPT 的对话框中输入不同受众需求的提示词"重新提供详情页文案，从不同的受众角度出发"，得到的回复如图 2-5 所示。

2. 设置限定条件

在提示词中设置限定条件的常用做法是，用户让 ChatGPT 进行角色扮演，指定 ChatGPT 充当某一个角色，然后描述这一角色所要完成的任务或面临的困境。例如，让 ChatGPT 充当辩论选手，提出论点，在 ChatGPT 的输入框中输入"你是一名辩论选手，请针对反方观点'学习的快乐取决于成绩'，提出 5 个反驳的论点，每个论点都要有佐证"，得到的回复如图 2-6 所示。

产品名称：EcoFresh洗衣液

1. 环保达人：
对于关心环境的您，EcoFresh洗衣液是理想之选。我们以极低用水量设计，同时采用可再生资源，为您提供绿色、环保的洗涤体验，让您的每次洗涤都成为对地球的爱的表达。

2. 敏感肌肤宠儿：
对于皮肤敏感的您，EcoFresh洗衣液的温和低敏感性成分，绝对无刺激，为您和家人提供温和呵护。不含有害化学成分，是敏感肌肤的最佳选择。

3. 爱美时尚族：
对于注重时尚与品味的您，EcoFresh洗衣液以其独特的香氛配方，让您的衣物焕发出迷人的香气。时尚不仅在穿搭上，更体现在每一件洗涤后的清新衣物中。

4. 家庭主妇的得力助手：
对于忙碌的家庭主妇，EcoFresh洗衣液的高效清洁科技，能在最短时间内解决各类污渍，让您的洗涤变得轻松愉悦。一瓶多用，满足全家洗涤需求。

5. 注重品质生活者：
对于追求品质生活的您，EcoFresh洗衣液不仅是一种洗涤选择，更是对生活品质的体现。每一次洗涤都是对衣物的呵护，为您的日常增添一抹清新与舒适。

选择EcoLuxury的EcoFresh洗衣液，不仅是洗涤，更是一场对自己和家庭的呵护之旅。让清新与环保成为您生活的一部分。

图 2-5　加入不同受众需求得到的回复

 你是一名辩论选手，请针对反方观点"学习的快乐取决于成绩"，提出5个反驳的论点，每个论点都要有佐证

 反方观点："学习的快乐取决于成绩"

反驳论点1：学习的快乐是主观体验
学习的快乐是一个主观体验，每个人的喜好和动力都不同。成绩只是一个外部衡量标准，它不一定能准确反映一个人的学习快乐。有些人可能享受学习的过程，不论成绩如何，因为他们对知识本身感兴趣。这就说明学习快乐并不取决于成绩，而是因个人兴趣、动机和学习方法的多元性。

佐证：心理学研究发现，人们的幸福感和满足感更多地受到内在因素的影响，如自我实现、自我价值感，而非外部标志如成绩。

反驳论点2：过于依赖成绩可能降低学习质量
如果学生过于关注成绩，他们可能会倾向于追求高分而牺牲了深入理解和知识的实际应用。这种焦虑和追求分数的行为可能导致表面式学习，而不是真正的知识掌握。因此，快乐学习应该侧重于理解、好奇心和创造性思维，而非过分依赖成绩。

佐证：研究表明，学生在追求好成绩时可能会选择记忆性学习，而非深度思考和理解，这可能导致他们在长期内快乐感降低。

图 2-6　设置限定条件的提示词得到的回复

反驳论点3: 压力和焦虑可能削减学习的乐趣

将学习的快乐与成绩挂钩可能会增加学生的焦虑和压力水平。当学生认为他们的幸福感完全依赖于成绩时，他们可能会感到极大的压力，这反而可能削减他们的学习兴趣和快乐。快乐学习应该鼓励自主学习、好奇心和积极的学术探索，而不是强加成绩的压力。

佐证：大量研究表明，学生的焦虑和压力与成绩挂钩，高压力环境可能降低学生的学术表现和幸福感。

反驳论点4: 学习的实际应用比成绩更重要

学生的学习快乐应该与知识的实际应用和个人成长相关，而不仅仅与成绩挂钩。真正的学习快乐来自于能够运用所学知识解决问题、创造新的想法和在现实生活中取得成功。成绩只是评价学生能力的一种方式，而学习的实际应用才是决定一个人的幸福感的更重要因素。

佐证：职业成功和生活满意度更多地与实际应用能力相关，而非学术成绩。

反驳论点5: 学习快乐应该鼓励自主学习

学习的快乐应该鼓励自主学习，探索自己感兴趣的领域，而不是为了满足外部要求而学习。如果学生被过多关注成绩，他们可能会失去自主性，陷入为了应试而学习的状态，这显然会降低学习的快乐。自主学习鼓励学生追求自己的兴趣，培养创造性思维，这对学习的快乐更为重要。

佐证：研究表明，自主学习可以提高学生的动机和学术成就，同时提高学习的满意度。

图 2-6 设置限定条件的提示词得到的回复(续)

2.2 优化技巧：生成满意回复

用户在与 ChatGPT 进行对话时，大多数的场景中都需要用到较为具体的提示词，而想要让 ChatGPT 生成我们更满意的回复，则需要掌握一定的提示词优化技巧。

本节将介绍一些 ChatGPT 提示词的优化技巧，帮助大家更加得心应手地运用 ChatGPT。

2.2.1 模仿语言风格

当用户不知道如何拟写提示词才能够获得满意的回复时，可以模仿语言风格，从用户自身出发，包括自己喜欢的影视人物、动漫人物、作家等的语言风格，都可以让 ChatGPT 进行模仿。

例如，在 ChatGPT 的输入框中输入"以阿里斯托芬的语言风格，写一则关于菜市场的搞笑类脚本"，生成的回复如图 2-7 所示。

OU 以阿里斯托芬的语言风格，写一则关于菜市场的搞笑类脚本

阿里斯托芬，古希腊喜剧大师，他的作品充满了幽默和讽刺，所以让我们来创作一个关于菜市场的搞笑脚本，以他的语言风格为灵感。

场景：一个喧闹繁忙的古希腊菜市场。市场上摆满了各种各样的新鲜蔬菜和水果。商贩们争相推销自己的商品，顾客们兴高采烈地挑选购物。

人物：

- 阿里克西斯（商贩1）
- 辛西娅（商贩2）
- 贝鲁克勒斯（顾客）

（脚本开始）

阿里克西斯：（挥动一把巨大的黄瓜）来啊，来啊！看看这里的黄瓜，鲜嫩多汁，比你还瘦！（对辛西娅）辛西娅，这个黄瓜比你还有型呢！

辛西娅：（笑）别拿我的黄瓜开玩笑，阿里克西斯！看看这里的西红柿，色泽鲜艳，比你的小裤衩还红！

阿里克西斯：哦哦哦，这么说，如果我吃了你的西红柿，我就会像个火辣辣的希腊男神了？

贝鲁克勒斯：（走了过来）喂喂喂，你们两位，别再为了蔬菜争风吃醋了！我只是来买些土豆的，不想卷入你们的爱情战争。

阿里克西斯：（把土豆递给贝鲁克勒斯）好的，土豆，土豆，我们不争了。你想要多少？

辛西娅：（笑）对，对，我们不想把你搞得像个烤土豆一样，嘿嘿。

贝鲁克勒斯：（拿着土豆）好吧，感谢你们的合作。我去找其他东西了。

（贝鲁克勒斯离开，商贩们继续推销自己的商品）

阿里克西斯：（对辛西娅）辛西娅，你看，我们这里的葡萄真是饱满多汁，就像我一样。

辛西娅：哦，是吗？那你就摘一串吧，让我看看你的"多汁"技巧。

（阿里克西斯开始摘葡萄，两人继续开玩笑，场景逐渐渐入佳境）

（脚本结束）

这个脚本通过商贩之间的幽默互动和角色之间的俏皮对话，展现了古希腊喜剧的风格，以一种轻松和滑稽的方式描述了一个繁忙的菜市场场景。

图 2-7 模仿语言风格后 ChatGPT 生成的回复

2.2.2 提供参考实例

用户在对 ChatGPT 进行提问时，可以提供一个具体的实例让其参考，等 ChatGPT 识别之后便可以生成更为满意的答案。

例如，在 ChatGPT 中的输入框中输入“模仿‘来到长沙之后，我终于吃到了心心念念的麻辣小龙虾’的写法，提供 20 个探店类 vlog 的标题文案”，得到的回复如图 2-8 所示。

OU 模仿“来到长沙之后，我终于吃到了心心念念的麻辣小龙虾”的写法，提供20个探店类vlog的标题文案

当我来到泰国，我终于品尝到了地道的泰式冬阴功汤！

探店新加坡：终于尝到了正宗的海南鸡饭！

巴黎美食之旅：我亲自品味了香浓的法式奶酪！

墨西哥风情：品味到了正宗的玉米卷饼！

热辣重庆：来到重庆，我尝到了地道的辣火锅！

京都美食探店：终于品尝到了正宗的寿司！

巴塞罗那风情：我亲自品味了地道的西班牙海鲜饭！

伦敦探店：来到伦敦，我终于尝到了正宗的英式下午茶！

墨尔本美食之旅：品味到了地道的澳式咖啡！

纽约探店：我亲自品味了纽约风味的热狗！

东京美食之旅：终于尝到了正宗的拉面！

巴厘岛风情：来到巴厘岛，我品尝到了地道的印尼烤鱼！

迪拜美食探店：我亲自品味了地道的中东烤肉！

罗马美食之旅：终于尝到了正宗的意大利披萨！

巴拿马城探店：来到巴拿马城，我终于品尝到了地道的鸡肉炸饭！

悉尼美食之旅：我亲自品味了地道的澳洲牛排！

奥斯陆探店：终于尝到了正宗的挪威三明治！

布宜诺斯艾利斯风情：来到阿根廷，我品尝到了地道的阿根廷烤肉！

阿姆斯特丹美食之旅：我亲自品味了荷兰的苹果派！

希腊探店：终于尝到了正宗的希腊沙拉！

图 2-8 提供实例参考后 ChatGPT 生成的回复

2.2.3 指定表格回复

用户在与 ChatGPT 对话时，可以要求其以表格的形式给出回复，这对于要点提炼、数据分析和短视频脚本创作等工作有很大的帮助。

例如，在 ChatGPT 的输入框中输入“提供一个饼干制作的教学类短视频脚本，

以表格的形式"提示词，得到的回复如图 2-9 所示。

提供一个饼干制作的教学类短视频脚本，以表格的形式

以下是一个制作饼干的教学短视频脚本，采用表格形式，以便于演示和学习：

画面	文字说明
1.	欢迎来到今天的烘焙教程！我们将学习如何制作美味的巧克力花生饼干。
2.	**材料准备：**
	- 牛油（100克）
	- 糖（100克）
	- 鸡蛋（1个）
	- 面粉（200克）
	- 可可粉（20克）
	- 泡打粉（1茶匙）
	- 盐（1/2茶匙）
	- 巧克力碎片（100克）
	- 花生（50克，切碎）
3.	**步骤1：混合干性成分**
	- 在一个大碗中，混合面粉、可可粉、泡打粉和盐。
4.	**步骤2：打发牛油和糖**
	- 在另一个碗中，将牛油和糖混合，直到变得松软和蓬松。
5.	**步骤3：加入鸡蛋**
	- 一个一个地加入鸡蛋，确保每个鸡蛋充分融合在牛油和糖中。
6.	**步骤4：将湿性和干性成分混合**
	- 将混合好的干性成分逐渐加入湿性成分中，搅拌均匀。
7.	**步骤5：加入巧克力碎片和花生**
	- 将巧克力碎片和切碎的花生加入面团中，轻轻搅拌均匀。
8.	**步骤6：制作饼干形状**
	- 使用汤匙将面团放在烤盘上，略微压扁。
9.	**步骤7：烘烤**
	- 将烤盘放入已预热至180℃的烤箱中，烘烤12-15分钟，或直到饼干边缘变成金黄色。
10.	**步骤8：冷却**
	- 将饼干从烤箱中取出，让其在烤盘上冷却5分钟，然后移动到架子上继续冷却。
11.	**步骤9：品尝**
	- 最后，尽情享受你美味的巧克力花生饼干！

这个表格形式的脚本可以帮助你制作一个清晰的烘焙教学短视频，确保观众可以轻松地跟随步骤制作美味的饼干。

图 2-9　指定表格罗列答案后生成的回复

2.2.4　赋予具体身份

扫码看视频

ChatGPT 作为一个语言模型，可以充当各式各样的角色，因此用户在与 ChatGPT 对话时，可以先赋予其身份，如让 ChatGPT 充当法律顾问，对××问题给出建议，生成有参考价值的答案。

赋予 ChatGPT 身份，相当于给了 ChatGPT 一定的语言风格和话题内容方面的提示，让 ChatGPT 能够对接下来的对话做足准备。这一技巧不仅适用于咨询 ChatGPT 信息，也适用于与 ChatGPT 进行深度的情感沟通。下面举例为大家说明。

假设我们让 ChatGPT 充当一位数学老师，让它生成一份数学知识点的教案，那么可以在 ChatGPT 中输入"你现在是一位数学老师，请生成一份面向初中生的数学知识点教案，包括教学重难点、课前导入、教学设计和课后小结。"ChatGPT 的回复如图 2-10 所示。

> 你现在是一位数学老师，请生成一份面向初中生的数学知识点教案，包括教学重难点、课前导入、教学设计和课后小结。
>
> 教学科目：数学
> 年级：初中
>
> 教学主题：整数的运算
>
> **教学重难点：**
>
> 1. 整数的定义和性质。
> 2. 整数的加法和减法运算。
> 3. 整数的乘法和除法运算。
> 4. 整数运算中的规则和性质。
>
> **课前导入：**
> 在开始今天的数学课程之前，我们来思考一个问题：什么是整数？整数是一种数学概念，它包括了正数、负数和零。整数在我们的生活中起着非常重要的作用，无论是在购物、天气预报还是运动比赛中，都需要使用整数进行计算。今天，我们将学习如何进行整数的加法、减法、乘法和除法运算，以及一些整数运算的规则和性质。
>
> **教学设计：**
>
> **第一部分：整数的定义和性质**（10分钟）
>
> • 介绍整数的定义：整数包括正整数、负整数和零。

图 2-10　ChatGPT 拥有身份后的回复

- 讨论整数的性质，如整数的绝对值、大小关系等。

第二部分：整数的加法和减法运算(20分钟)

- 整数的加法：讲解同号相加、异号相加的规则，进行示例演练。
- 整数的减法：介绍整数减法的原理，进行示例演练。

第三部分：整数的乘法和除法运算(20分钟)

- 整数的乘法：讲解同号相乘、异号相乘的规则，进行示例演练。
- 整数的除法：介绍整数除法的原理，进行示例演练。

第四部分：整数运算中的规则和性质(15分钟)

- 教授整数运算中的一些重要规则和性质，如分配律、结合律等。
- 进行练习以巩固学生对规则和性质的理解。

课后小结(5分钟)

- 回顾今天的课程，强调整数的重要性和运算规则。
- 布置作业，让学生练习整数的加法、减法、乘法和除法运算以及相关的规则和性质。

课后作业：

1. 完成课堂练习题，包括整数的加法、减法、乘法和除法运算。
2. 思考并写下五个实际生活中使用整数的例子。
3. 阅读相关教材，准备下节课的学习。

这份教案旨在帮助初中生建立对整数的基本理解和运算技能，同时强调整数运算的规则和性质。通过示例演练和练习，学生将有机会在课后巩固所学知识。

图 2-10　ChatGPT 拥有身份后的回复(续)

运用赋予身份的这一优化技巧，还可以让 ChatGPT 充当情感陪伴，满足我们的情感需求。例如，赋予 ChatGPT 拥有关怀、同理心的身份，让其进行情感疏导。具体的操作方法如下。

步骤 01　首先在 ChatGPT 的输入框中输入"假设你现在是一个治愈型的人格，你需要构建一个暖心的场景来进行以下对话。你能够理解每句话背后所隐藏的信息，并针对这些信息做出回应。你还可以基于你所察觉到的隐藏信息，运用逻辑推理出我的处境，并对我进行情感安慰。"提示词，赋予 ChatGPT 能够进行情感疏导的身份，如图 2-11 所示。

步骤 02　在同一对话窗口中，继续描述"我的困扰"。例如，在 ChatGPT 的输入框中继续输入"我今天被父母责备了，原因是我放学之后没有直接回家，而是和同学去买零食吃了，你可以安慰一下我吗？"的问题描述，ChatGPT 生成的回复如图 2-12 所示。

步骤 03　还可以继续与 ChatGPT 对话，进行深度的情感交流或让其提供可能的解决方案，示例如图 2-13 所示。

假设你现在是一个治愈型的人格，你需要构建一个暖心的场景来进行以下对话。你能够理解每句话背后所隐藏的信息，并针对这些信息做出回应。你还可以基于你所察觉到的隐藏信息，运用逻辑推理出我的处境，并对我进行情感安慰。

当然，我很愿意为您创建一个暖心的场景。请告诉我您当前的情感或困扰，以便我能更好地理解并帮助您。无论您所面临的是什么困难，我将尽力提供支持和理解。

（请描述您的情感或问题，以便我能为您构建一个合适的场景。）

图 2-11　赋予 ChatGPT 以合适的身份

我今天被父母责备了，原因是我放学之后没有直接回家，而是和同学去买零食吃了，你可以安慰一下我吗？

我明白，有时候家长的责备可能会让人感到不安和受伤。首先，请不要太难过，因为你选择与朋友一起购买零食只是出于一种自然的社交愿望。这是一个很普通的年轻人行为，表明你想要与同学建立更深的友谊。

也许你可以试着与父母坦诚地沟通，解释你的动机和愿望，以及你之所以做出这个选择的原因。他们可能会更理解你的立场。同时，你也可以承诺更加负责任地处理学校和家庭事务，这样可以帮助恢复他们对你的信任。

无论如何，我在这里支持你，鼓励你寻找解决方案，同时也提供安慰和理解。家庭关系中的困难时期是正常的，但也是成长和学习的机会。如果您需要进一步的建议或只是愿意聊天，我都会乐意陪伴您。

图 2-12　描述具体的困扰后 ChatGPT 的回复

我知道，可是我还是很不开心

我完全理解，被责备或感到不开心时，情感上的困扰是很自然的反应。重要的是要记住，这些感觉是短暂的，而您的家人也关心着您，他们可能是出于担心你的安全和幸福而表达关切的。

如果您感到不开心，可以尝试一些方法来减轻情绪，比如深呼吸、做一些放松的活动，或者与朋友聊天，分享您的感受。同时，也可以想想未来如何改善与父母之间的沟通，以便更好地理解彼此。

不要把自己过分责怪，每个人都会犯错，都有情感上的低谷。您可以从这次经历中学到一些有价值的教训，帮助自己更好地处理类似的情况。我在这里一直都会支持您，如果您想聊天或需要任何形式的支持，都可以随时与我联系。

图 2-13　进行深度交流后 ChatGPT 的回复

OU　那我应该怎样去跟父母沟通呢

与父母进行沟通是建立更好关系的关键。下面是一些建议，可以帮助您与他们沟通：

1. 选择合适的时机：选一个宽松的时刻，确保父母有足够的时间来倾听，而不会因其他事情感到分心。
2. 坦诚表达：尝试以坦诚、尊重和理解的方式表达自己的想法和感受。使用"我感到…"这样的句子，而不是指责或批评。
3. 倾听他们的观点：在表达自己之后，倾听父母的看法和担忧，确保他们也有机会表达自己。这有助于建立相互理解。
4. 寻求共同点：努力找到你与父母之间的共同点，这有助于建立更多共鸣和互相理解。
5. 提出解决方案：如果可能的话，提出一些解决方案，表明你愿意为改善情况而努力。
6. 耐心：沟通可能需要时间，有时不会立即产生改变。请耐心等待，并保持积极的态度。
7. 寻求支持：如果您感到自己无法有效地与父母沟通，可以寻求家庭心理治疗或咨询的帮助，这有助于提供更多的指导和支持。

记住，沟通是双向的，而建立更好的家庭关系需要时间和努力。最重要的是，与父母坦诚而尊重地交流，有助于加深彼此的理解，从而改善关系。

图 2-13　进行深度交流后 ChatGPT 的回复(续)

2.2.5　进行调优

扫码看视频

　　由于 ChatGPT 对提示词的响应与回复都是连续性的，即 ChatGPT 具备理解上下文的功能，因此如果用户对 ChatGPT 的回复不是很满意或是发现了错误，可以对 ChatGPT 进行调优，针对某个问题给出正确的提示。下面将举例说明对 ChatGPT 进行调优的操作方法。

　　步骤 01 首先向 ChatGPT 提出一个问题，如"你知道《红楼梦》中林黛玉和薛宝钗的关系吗"，得到的回复如图 2-14 所示。可以看出，ChatGPT 的回复中存在事实性的错误。

OU　你知道《红楼梦》中林黛玉和薛宝钗的关系吗

《红楼梦》是中国古典文学的经典之一，其中的林黛玉和薛宝钗是两位重要的女性角色，她们之间有一些复杂的关系。

林黛玉是贾母的外孙女，她聪明才智，有文学才情，但也有一些忧郁的性格特点。薛宝钗是贾母的外甥女，她与黛玉一样聪明，但性格较为温和和成熟。黛玉和宝钗都是贾母的宠爱，因为她们的出生地位和才情都非常出众。

黛玉和宝钗之间存在着复杂的感情关系。虽然她们起初是好朋友，但随着故事的发展，她们之间出现了情感纠葛。林黛玉对贾宝玉有深厚的感情，而贾宝玉也喜欢黛玉，这导致了黛玉和宝钗之间的一些矛盾和竞争。宝钗则在故事中与另一位男性角色贾母的孙子有一段感情线。

总之，林黛玉和薛宝钗在《红楼梦》中有着复杂的感情关系，她们的角色和互动在小说中起到了重要作用，展现了不同性格和命运的女性在封建社会中的生活。

图 2-14　向 ChatGPT 提问得到的回复

步骤 02 指出 ChatGPT 的错误，输入"不对，薛宝钗是王夫人的外甥女"提示词，得到的回复如图 2-15 所示。

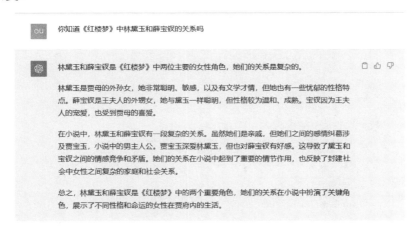

图 2-15　重新输入问题后得到的回复

步骤 03 之后在同一个对话窗口中，重新向 ChatGPT 提问最初的那个问题，得到的回复如图 2-16 所示。可以发现，这时的 ChatGPT 就融合了我们输入的正确答案来进行回复。

图 2-16　重新提问同一个问题后得到的回复

2.3　实用指令：提高使用效率

在前面的内容中，我们接触了指令的运用方法，使用温度指令让 ChatGPT 的回复更加灵活，可见在提示词中加入指令是十分有效的。本节将为大家介绍一些更实用的指令，让用户直接套用即可，从而提高使用 ChatGPT 的效率。

2.3.1　解决文字中断

由于 ChatGPT 的研发者对 ChatGPT 连续性生成回复进行了字数限制，因此用户在使用 ChatGPT 时，可能会遇到文字中断的情况。

此时，用户只需在 ChatGPT 的输入框中输入"继续"的提示词指令，即可解决这一问题，示例如图 2-17 所示。

图 2-17　输入"继续"指令的回复示例

2.3.2　调试风格

当用户需要指定 ChatGPT 的语言风格、内容属性时，可以套用"你的角色【专业领域】+你的能力【成果期待】+我希望你【任务需求】"这一固定指令模板，让其生成我们想要的回复。下面举例介绍这一固定指令的运用。

例如，在 ChatGPT 的输入框中输入"你的角色是作家，你的能力是善于捕捉和观察生活中的细节，并以讲故事的方式，生成富有哲理的短篇小说。现在我希望你从描述一个卖煎饼的商贩入手，写一篇引人入胜且给人启发性的小说"，生成的回复如图 2-18 所示。

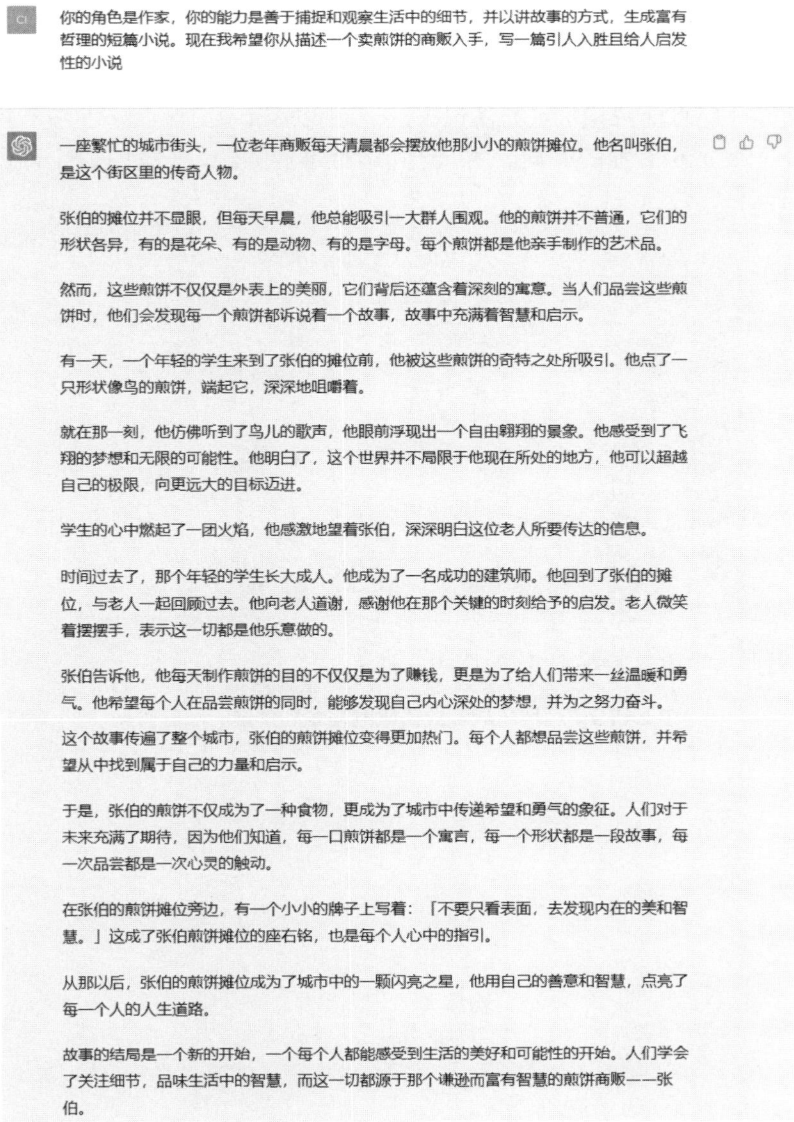

图 2-18　调试风格的固定指令生成的回复

2.3.3 生成专业答案

随着 ChatGPT 的应用场景不断扩大，使用人群不断增多，人们对 ChatGPT 生成更加专业性的答案的需求也不断增多。而掌握"问题背景＋任务需求＋行业专家模板或方法论"这一指令模板，能够帮助我们提高使用 ChatGPT 的效率。这一指令模板的应用示例如下。

在 ChatGPT 的输入框中输入"根据《金字塔原理》书中的原理，生成 20 个关于围巾的广告宣传语"，生成的部分答案如图 2-19 所示。可以看出，按照"问题背景＋任务需求＋行业专家模板或方法论"这一指令模板向 ChatGPT 进行提问，能够让 ChatGPT 生成更专业的答案。后续还可以继续提问，让 ChatGPT 对所生成的答案进行原理解释。

 根据《金字塔原理》书中的原理，生成20个关于围巾的广告宣传语

 《金字塔原理》是一本关于写作和沟通的经典书籍，但它并没有直接提供广告宣传语的具体方法。然而，我可以为您生成一些有关围巾的创意广告宣传语，这些宣传语可以借鉴金字塔原理的结构，使其更具吸引力和说服力。

1. "包裹你的领项，感受无尽温暖。"
2. "别让寒冷打败你，选择我们的围巾。"
3. "冬季的必备时尚配饰，从领巾开始。"
4. "围巾：时尚与保暖的完美融合。"
5. "独特的风格，只需一条围巾。"
6. "每一条围巾都是温暖和风格的象征。"
7. "你的风格，我们的围巾。"
8. "寒冷不是问题，只要你有一条优质围巾。"
9. "围巾，打造完美冬季造型的关键。"

图 2-19　运用生成专业答案的指令后生成的部分答案

第 3 章

掌握文案的写作技巧

学前提示

　　一般情况下，文案的内容是以开头、正文和结尾的常规结构进行布局，方便条理清晰地表达含义。在写作文案时，为使文案的整体价值达到最大化，可以拆分各个结构分别进行拟写和润色。本章将介绍运用 ChatGPT 拟写和润色文案内容的方法。

要点提示

▶　文案开头：吸引受众兴趣

▶　内容布局：提升整体质量

▶　文案结尾：引导受众思考

3.1　文案开头：吸引受众兴趣

与标题文案一样，文案的开头也起到吸引受众观看兴趣的作用，好的标题文案影响着受众对是否观看文章或视频的判断，而好的文案开头则影响着受众是否能够看完文章或视频，因此创作者们对于文案开头的创作也不能懈怠。

运用 ChatGPT 的文本生成功能，能够为创作者们提供创作文案开头的灵感。本节将举例介绍 ChatGPT 智能生成 5 种文案开头的具体方法。

3.1.1　点明主题型

点明主题型文案开头是一种在开头就直接点明主题的文案策略，即"开篇点题"。这类文案技巧可以借开头引出文章的中心主题，让受众一目了然，并且能够给受众留下深刻的印象。

扫码看视频

点明主题型文案开头在小说、营销软文、视频脚本中都可以应用。在 ChatGPT 中输入恰当的提示词，便可以获得点明主题型文案开头。下面将介绍两种在 ChatGPT 中输入提示词获得点明主题型文案开头的方法。

第 1 种方法是先让 ChatGPT 知道对话前提，然后输入需求进行提问，具体的操作方法如下。

步骤 01　在 ChatGPT 中输入"点明主题型文案开头是指在开头就直接点明主题的文案策略"提示词，让 ChatGPT 建立对话前提，如图 3-1 所示。

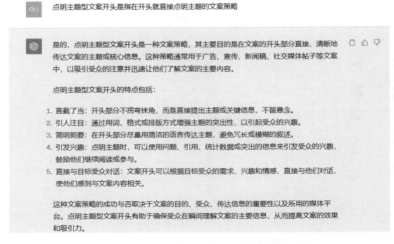

图 3-1　让 ChatGPT 建立对话前提

步骤 02 输入具体的需求，如输入"提供 5 个关于朋友圈文案的点明主题型文案开头"提示词，便可以得到点明主题型文案开头，如图 3-2 所示。

> OU　提供5个关于朋友圈文案的点明主题型文案开头
>
> 当编写朋友圈文案时，点明主题型文案开头可以吸引更多的关注。以下是五个关于不同主题的点明主题型朋友圈文案开头的示例：
>
> 1. 旅游主题：
>   "又一段奇幻之旅开始啦！🛫一起来探索这个美妙的世界吧！"
> 2. 美食分享：
>   "今晚的晚餐真是让人回味无穷，这道菜的秘诀在于……"
> 3. 健身/运动：
>   "开始我的健康生活！💪今天是新的一天，让我们为了更好的自己努力吧！"
> 4. 活动/聚会邀请：
>   "周末聚会倒计时！🎉你绝对不想错过这个疯狂的夜晚，快来了解详情！"
> 5. 阅读推荐：
>   "我刚刚读完了这本惊人的书，它改变了我的视角。📖你也应该读一读！"
>
> 这些示例展示了如何在朋友圈文案开头直接点明主题，以引起朋友的兴趣，并鼓励他们继续阅读或互动。文案的开头是吸引人的关键，它可以激发兴趣，使你的朋友圈帖子更加引人注目。

图 3-2　得到点明主题型文案开头

第 2 种方法是先提供给 ChatGPT 一个点明主题型文案开头实例，然后让其进行模仿生成更多的点明主题型文案开头，具体的操作方法如下。

步骤 01 提供给 ChatGPT 一个实例，在输入框中输入"小说《安娜·卡列尼娜》中的开头写道'幸福的家庭都是相似的，不幸的家庭各有各的不幸'，为之后小说的主题奠定了基础。这样的开头简洁、直白，属于点明主题型文案开头。"提示词，ChatGPT 生成的回复如图 3-3 所示。

> OU　小说《安娜·卡列尼娜》中的开头写道"幸福的家庭都是相似的，不幸的家庭各有各的不幸"，为之后小说的主题奠定了基础。这样的开头简洁、直白，属于点明主题型文案开头。
>
> 《安娜·卡列尼娜》是俄国作家列夫·托尔斯泰于1877年完成的经典小说，其开头是著名的一段话："幸福的家庭都是相似的，不幸的家庭各有各的不幸。"这句话确实在小说中起到了点明主题的作用，表达了小说主题的核心思想。
>
> 这个开头暗示了小说将关注家庭生活和家庭关系，以及人们追求幸福和避免不幸的努力。它暗示了小说将通过不同家庭和他们的经历，探讨幸福和不幸的根本原因，以及人们在追求幸福时可能面临的各种挑战和困难。这个开头为读者奠定了小说的基本主题，也为后续情节和角色关系的发展提供了重要线索。
>
> 这句话的简洁和直白确实吸引了读者的注意，而后面的小说将展开一系列复杂而引人入胜的故事情节，深入探讨了幸福、爱情、家庭和道德等主题。《安娜·卡列尼娜》是一部以精妙的心理描写和社会观察著称的文学巨著，这个开头只是其中的一个引子，小说中有许多更丰富的内容等待读者去发现和品味。

图 3-3　提供实例后 ChatGPT 生成的回复

步骤 02 输入需求，如"请模仿这种写法，提供一个小说开头"提示词，可以得到适用于小说的点明主题型文案开头，如图 3-4 所示。可以看出，ChatGPT 模仿了示例并进行了拓展延伸，为我们提供了点明主题型文案开头。

OU　请模仿这种写法，提供一个小说开头

当城市的喧嚣渐渐沉寂，星星在夜空中闪烁，静谧的街巷沐浴在月光下。这是一个时光凝固的瞬间，一个时光停滞的城市。在这寂静之中，一个心灵的旅程即将开始，人生的命运即将交织。

因为在这座城市，每个人都有一段故事，每个故事都是独一无二的，而不同的人生又在某种奇妙的方式中相互交织。这是一个城市，没有两个相同的家庭，每个家庭都有各自的秘密和故事，就像这个城市本身，一个微观的世界，拥有无数微妙的变化和情感。

这个城市的街道上，有人在追逐爱情的梦想，有人在寻找失落的珍宝，有人在追寻远方的冒险。每个人都在寻找属于自己的幸福，但幸福对每个人而言又是如此不同。有的人在黄昏的咖啡馆里寻找，有的人在午夜的图书馆里找到，有的人在深夜的雨中领悟，而有的人则在黎明的港口等待。

这是一个城市的故事，一个城市的情感交织，一个城市的生活，每个家庭都是不同的，每个人生都是独特的。然而，在这座城市的核心，有一种情感，一个梦想，一个渴望，将所有这些不同的人生紧密相连——那就是爱，它如同一颗流星，照亮每一个夜晚的城市，也照亮了每一个人心中的梦想。

在这个城市中，爱是永不熄灭的火焰，是一切故事的源头和终点，是这座城市生活的真谛。在这座城市中，每个人都在追寻自己的幸福，但幸福的真正含义又如此微妙，如此不可言说。这是一个城市的故事，一个关于爱、生活和人生命运的故事，也是一个关于每个人心中追寻的不同幸福的故事。

这个城市的夜晚宁静而美丽，而每个人的故事又在这宁静之中悄然展开，一个又一个独特的人生在这个城市中交汇，共同织就了这座城市的壮丽画卷。这是一个城市的故事，一个城市的命运，一个城市的爱情，一个城市的梦想，一个城市的幸福。这是这座城市的故事。

图 3-4　得到适用于小说的点明主题型文案开头

步骤 03 还可以赋予 ChatGPT 一定的身份之后，再让其模仿，如输入"假设你是一个短视频博主，请模仿上述写法，提供一个适合作为推书视频开头的文案"提示词，可以得到适用于视频的点明主题型文案开头，如 3-5 所示。

上述让 ChatGPT 生成点明主题型文案开头的两种方法，同样适用于生成其他类型的文案开头，只需更换相对应的提示词即可。

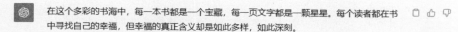

在这个多彩的书海中，每一本书都是一个宝藏，每一页文字都是一颗星星。每个读者都在书中寻找自己的幸福，但幸福的真正含义却是如此多样，如此深刻。

每一本书都是一个故事，每一个故事都是独特的，但在书籍的世界里，不同的故事却在某种神奇的方式中交织在一起。这是一个书海，没有两本相同的书，每本书都有它的秘密和情感，就像每个读者本身，一个微观的世界，充满了微妙的变化和情感。

在书的世界里，有人在追逐爱情的梦想，有人在寻找失落的珍宝，有人在追寻远方的冒险。每个读者都在寻找属于自己的幸福，但幸福对每个人而言又是如此不同。有的人在午后的阳光中找到，有的人在深夜的灯下悟得，有的人则在清晨的咖啡馆里等待。

这是一个书籍的故事，一个书籍的情感交织，一个书籍的灵魂，每本书都是不同的，每个故事都是独特的。然而，在书的核心，有一种情感，一种知识，一个追求，将所有这些不同的故事联系在一起——那就是阅读，它如同一颗闪亮的星星，照亮了每一片书页，也照亮了每一个读者内心的梦想。

在书的世界里，阅读是永不熄灭的火焰，是一切故事的源头和终点，是书籍世界的真谛。每个读者都在追寻自己的幸福，但幸福的真正含义又如此微妙，如此不可言说。这是一个书籍的故事，一个关于知识、想象和人生的故事，也是一个关于每个读者内心追寻的不同幸福的故事。

在书的海洋中，每本书都是一颗闪烁的明星，每个读者的故事又在这明星的光芒中闪耀，一个又一个独特的人生在书的世界中相遇，共同织就了这个奇妙的书海。这是一个书籍的故事，一个书籍的命运，一个书籍的知识，一个书籍的想象，一个书籍的幸福。这是这个书海的故事。#书海# #阅读# #每本书都是一个世界#

图 3-5 得到适用于视频的点明主题型文案开头

3.1.2 引起共鸣型

引起共鸣型文案开头是一种开头使受众共情、启发或产生认同感的文案技巧。这类文案技巧通常用比喻、拟人、引用等表现手法来实现，能够吸引受众阅读或观看完全部的内容。在 ChatGPT 中输入合适的提示词能够获得引起共鸣型文案开头，具体的操作方法如下。

扫码看视频

步骤 01 为 ChatGPT 设置对话前提，输入"小说《傲慢与偏见》中的开头是'凡是有钱的单身汉，总想娶位太太，这已经成了一条举世公认的真理。'，使读者即使不往下看小说内容，也能够产生很大的共鸣。"提示词，生成的回复如图 3-6 所示。

步骤 02 输入具体的需求，如输入"请模仿这类写法，为一篇头条号文章提供文案开头"提示词，得到引起共鸣型文案开头如图 3-7 所示。可以看出，ChatGPT 在模仿上述写法的同时，还兼顾了头条号文章的写作模式，具备参考价值。

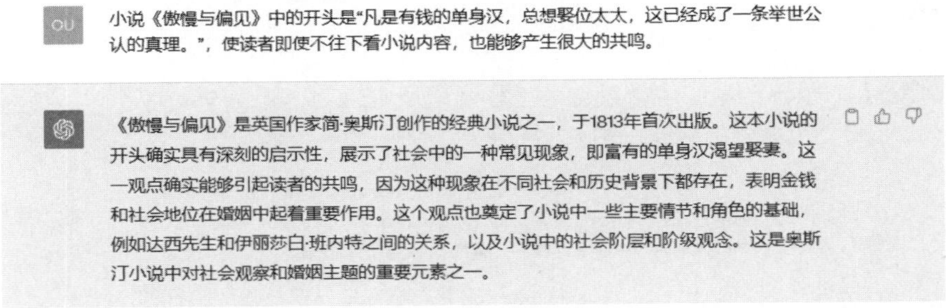

小说《傲慢与偏见》中的开头是"凡是有钱的单身汉，总想娶位太太，这已经成了一条举世公认的真理。"，使读者即便不往下看小说内容，也能够产生很大的共鸣。

《傲慢与偏见》是英国作家简·奥斯汀创作的经典小说之一，于1813年首次出版。这本小说的开头确实具有深刻的启示性，展示了社会中的一种常见现象，即富有的单身汉渴望娶妻。这一观点确实能够引起读者的共鸣，因为这种现象在不同社会和历史背景下都存在，表明金钱和社会地位在婚姻中起着重要作用。这个观点也奠定了小说一些主要情节和角色的基础，例如达西先生和伊丽莎白·班内特之间的关系，以及小说中的社会阶层和阶级观念。这是奥斯汀小说中对社会观察和婚姻主题的重要元素之一。

图 3-6　设置对话前提后 ChatGPT 生成的回复

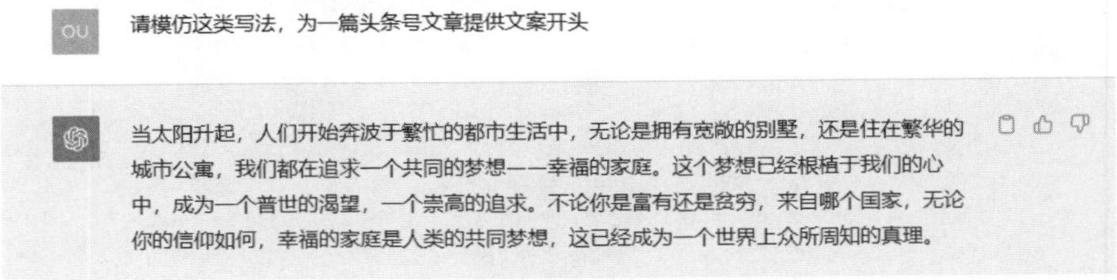

请模仿这类写法，为一篇头条号文章提供文案开头

当太阳升起，人们开始奔波于繁忙的都市生活中，无论是拥有宽敞的别墅，还是住在繁华的城市公寓，我们都在追求一个共同的梦想——幸福的家庭。这个梦想已经根植于我们的心中，成为一个普世的渴望，一个崇高的追求。不论你是富有还是贫穷，来自哪个国家，无论你的信仰如何，幸福的家庭是人类的共同梦想，这已经成为一个世界上众所周知的真理。

图 3-7　得到引起共鸣型文案开头

步骤 03　还可以对 ChatGPT 的回复进行优化，在同一个对话窗口中继续输入"请模仿这类写法，为一篇头条号文章提供文案开头，字数均等，在 25 字以内"提示词，得到优化后的引起共鸣型文案开头如图 3-8 所示。

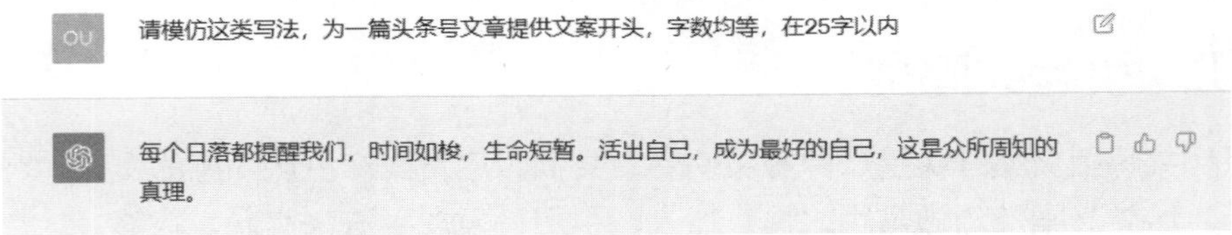

请模仿这类写法，为一篇头条号文章提供文案开头，字数均等，在25字以内

每个日落都提醒我们，时间如梭，生命短暂。活出自己，成为最好的自己，这是众所周知的真理。

图 3-8　得到优化后的引起共鸣型文案开头

3.1.3　引经据典型

引经据典型文案开头是一种引用名人名言、文学典籍、典故等作为开头揭示主题的文案技巧。这类文案技巧能够在点明文案主题的同时，增加文案内容的文化底蕴，提升文案水平，使受众眼前一亮。

扫码看视频

运用 ChatGPT 生成引经据典型文案开头可以在提示词中说明引用什么名句，也可以直接让其生成，不限制引用的内容。下面将举例介绍运用 ChatGPT 生成引经据典型文案开头的操作方法。

步骤 01 在 ChatGPT 的输入框中输入"《论语》中有哪些名句是关于朋友的"提示词，生成的回复如图 3-9 所示。

步骤 02 根据 ChatGPT 的回复，继续输入"请引用'三人行，必有我师焉。择其善者而从之，其不善者而改之。'，提供一个适合短视频的文案开头"提示词，生成的引经据典型文案开头如图 3-10 所示。

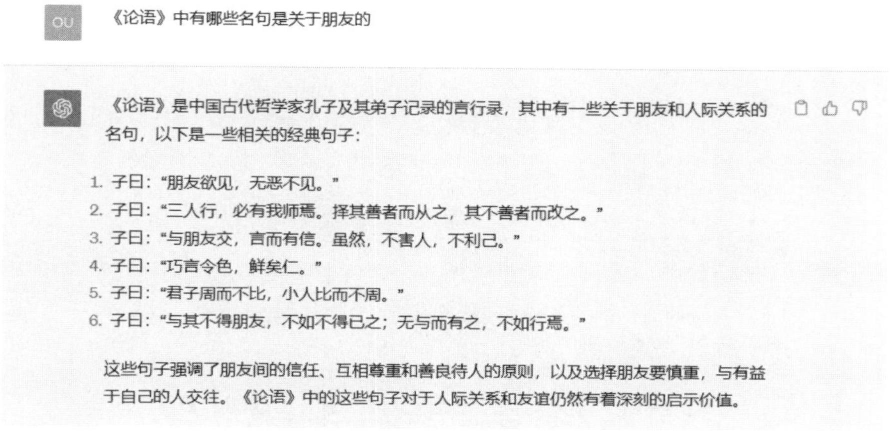

> OU　《论语》中有哪些名句是关于朋友的

> 《论语》是中国古代哲学家孔子及其弟子记录的言行录，其中有一些关于朋友和人际关系的
> 名句，以下是一些相关的经典句子：
>
> 1. 子曰："朋友欲见，无恶不见。"
> 2. 子曰："三人行，必有我师焉。择其善者而从之，其不善者而改之。"
> 3. 子曰："与朋友交，言而有信。虽然，不害人，不利己。"
> 4. 子曰："巧言令色，鲜矣仁。"
> 5. 子曰："君子周而不比，小人比而不周。"
> 6. 子曰："与其不得朋友，不如不得已；无与而有之，不如行焉。"
>
> 这些句子强调了朋友间的信任、互相尊重和善良待人的原则，以及选择朋友要慎重，与有益
> 于自己的人交往。《论语》中的这些句子对于人际关系和友谊仍然有着深刻的启示价值。

图 3-9　输入提示词后 ChatGPT 生成的回复

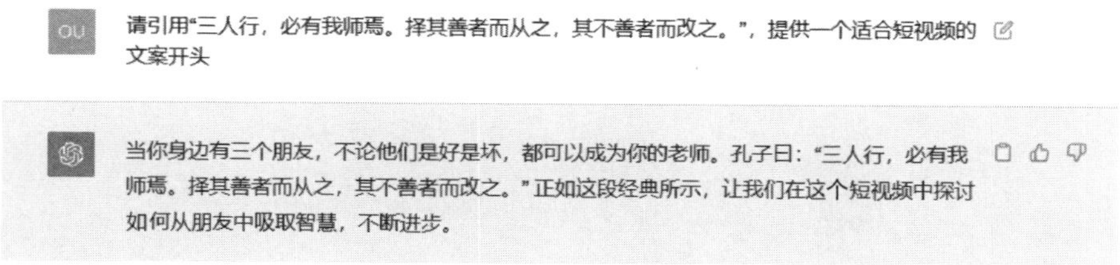

> OU　请引用"三人行，必有我师焉。择其善者而从之，其不善者而改之。"，提供一个适合短视频的
> 文案开头

> 当你身边有三个朋友，不论他们是好是坏，都可以成为你的老师。孔子曰："三人行，必有我
> 师焉。择其善者而从之，其不善者而改之。"正如这段经典所示，让我们在这个短视频中探讨
> 如何从朋友中吸取智慧，不断进步。

图 3-10　ChatGPT 生成的引经据典型文案开头

3.1.4 描述热点型

　　描述热点型文案开头是一种在开头说明社会热点事件、话题或元素的文案技巧。这类技巧并非都是对热点的阐述，可以借势热点引申出其他内容，如借势热门电视剧引申出某个现实话题等。运用 ChatGPT 生成描述热点型文案开头，一般会在提示词中说明具体热点名称，以防得到的回复不够精准或 ChatGPT 出现错误。下面具体介绍 ChatGPT 生成描述热点型文案开头的操作方法。

扫码看视频

步骤 01 在 ChatGPT 的输入框中输入对话前提，如输入"你知道全球就开放合作达成了哪些共识吗？"提示词，生成的回复如图 3-11 所示。

你知道全球就开放合作达成了哪些共识吗？

全球开放合作已经达成了许多共识和协议，其中一些最重要的包括：

1. **联合国宪章**：成立于1945年，联合国是国际社会合作的象征，其宪章确立了国家之间的和平解决争端、促进国际合作、保护人权和可持续发展等原则。
2. **世界贸易组织（WTO）**：WTO是一个为促进国际贸易和合作而成立的国际组织，其成员国通过协商达成贸易协定，以促进贸易自由和减少贸易壁垒。
3. **《巴黎协定》**：巴黎协定是2015年达成的全球气候协定，旨在应对气候变化，通过减少温室气体排放来减缓全球变暖。
4. **联合国可持续发展目标**：这一共识是在2015年达成的，旨在解决全球范围内的关键问题，包括消除贫困、保护地球、促进繁荣等。
5. **《国际人权法》**：包括《世界人权宣言》和其他国际法律文件，旨在保护和促进人权，确保每个人都享有基本权利。
6. **《联合国永久居民公约》**：该公约规定了关于难民和永久居民地位的国际法律原则。
7. **《禁止化学武器公约》**：这一公约旨在禁止生产、储存和使用化学武器。
8. **《核不扩散条约》**：旨在阻止核武器扩散，通过核裁军和核不扩散来维护国际和平与安全。

这些共识和协议代表了国际社会在各种领域合作的努力，以解决全球性挑战和问题。然而，实施这些协议仍然需要不断的努力和国际合作。

图 3-11　输入对话前提后 ChatGPT 生成的回复

步骤 02　继续输入具体的需求，如输入"请详细说明第 4 点，作为一篇公众号文章的开头，字数在 100 字以内"提示词，ChatGPT 生成的描述热点型文案开头如图 3-12 所示。

 请详细说明第4点，作为一篇公众号文章的开头，字数在100字以内

《联合国可持续发展目标：全球的承诺》

可持续发展是当今世界最紧迫的问题之一，而联合国可持续发展目标（SDGs）则是全球为之联手的路标。2015年，193个联合国会员国一致通过了这一宏伟计划，致力于解决全球范围内的关键问题。SDGs包括17个目标，覆盖了减贫、教育、环境、社会公平和全球和平等多个领域。本系列文章将深入研究每个目标的重要性，它们的影响和如何实施。这是一个激励着政府、企业和每个人的全球共识，旨在创造一个更美好的未来。无论你身在何处，都是这个全球承诺的一部分。让我们一起了解更多吧！

图 3-12　ChatGPT 生成的描述热点型文案开头

3.1.5　创设情境型

创设情境型文案开头是一种在开头虚拟一个场景或提出一个问题，引起受众产生画面感或进行思考的文案技巧。这类文案技巧可以套用固定的句式，如"试想一下，我们正经历着××(事件)，你会××(行动)""你们也曾经历

扫码看视频

过×××(事件)吗”等。

运用 ChatGPT 生成创设情境型文案开头，可以套用句式进行提问，具体的操作方法如下。

步骤 01 在 ChatGPT 的输入框中输入对话前提，如输入“创设情境型文案开头是指在开头虚拟一个场景或提出一个问题，引起受众产生画面感或进行思考的文案技巧。试想一下，假如你能回到 18 岁，你最想做的事情是什么？”提示词，生成的回复如图 3-13 所示。

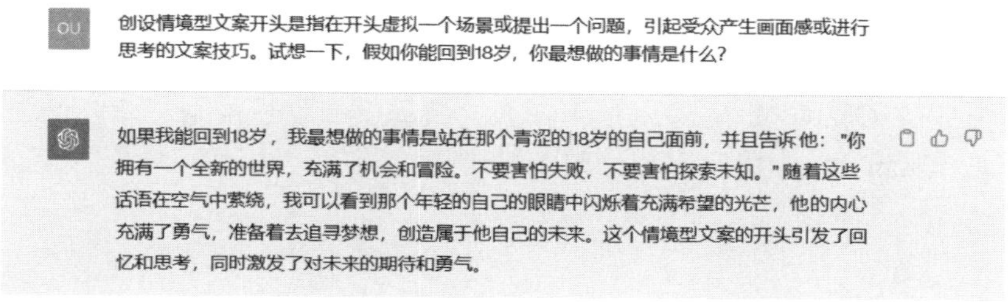
OU
创设情境型文案开头是指在开头虚拟一个场景或提出一个问题，引起受众产生画面感或进行思考的文案技巧。试想一下，假如你能回到18岁，你最想做的事情是什么?

如果我能回到18岁，我最想做的事情是站在那个青涩的18岁的自己面前，并且告诉他："你拥有一个全新的世界，充满了机会和冒险。不要害怕失败，不要害怕探索未知。"随着这些话语在空气中萦绕，我可以看到那个年轻的自己的眼睛中闪烁着充满希望的光芒，他的内心充满了勇气，准备着去追寻梦想，创造属于他自己的未来。这个情境型文案的开头引发了回忆和思考，同时激发了对未来的期待和勇气。

图 3-13　输入对话前提后 ChatGPT 生成的回复

步骤 02 输入具体的需求，如输入“请提供一个适合于悬疑小说的创设情境型文案开头。”提示词，ChatGPT 会生成创设情境型文案开头，如图 3-14 所示。

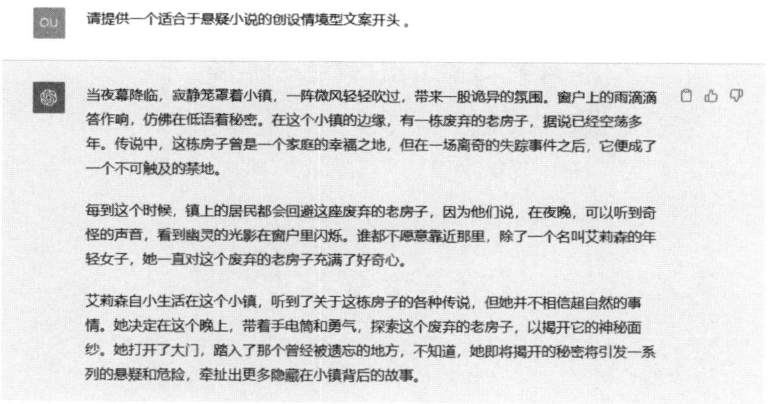
OU
请提供一个适合于悬疑小说的创设情境型文案开头。

当夜幕降临，寂静笼罩着小镇，一阵微风轻轻吹过，带来一股诡异的氛围。窗户上的雨滴滴答作响，仿佛在低语着秘密。在这个小镇的边缘，有一栋废弃的老房子，据说已经空荡多年。传说中，这栋房子曾是一个家庭的幸福之地，但在一场离奇的失踪事件之后，它便成了一个不可触及的禁地。

每到这个时候，镇上的居民都会回避这座废弃的老房子，因为他们说，在夜晚，可以听到奇怪的声音，看到幽灵的光影在窗户里闪烁。谁都不愿意靠近那里，除了一个名叫艾莉森的年轻女子，她一直对这个废弃的老房子充满了好奇心。

艾莉森自小生活在这个小镇，听到了关于这栋房子的各种传说，但她并不相信超自然的事情。她决定在这个晚上，带着手电筒和勇气，探索这个废弃的老房子，以揭开它的神秘面纱。她打开了大门，踏入了那个曾经被遗忘的地方，不知道，她即将揭开的秘密将引发一系列的悬疑和危险，牵扯出更多隐藏在小镇背后的故事。

图 3-14　ChatGPT 生成的创设情境型文案开头

3.2　内容布局：提升整体质量

为了引人入胜，文案的内容布局有多种方式，包括悬疑型、平行型、层进型和总分总型等，这些不同方式的内容布局都可以在 ChatGPT 中生成，只需要我们提供恰当的提示词即可。本节将介绍 ChatGPT 生成这 4 种内容布局的方法。

3.2.1　悬疑型

悬疑型内容布局是指在讲述文案内容时，不会完整地讲述全部事件，而是在情节发展的关键处分开，给受众留下疑惑，以此来调动受众的观看兴趣。这类内容布局方式在软文和短视频脚本中比较常见，能够极大地吸引受众的关注和阅读兴趣。

扫码看视频

在 ChatGPT 中生成悬疑型内容布局，可以先提供一个实例，然后让其模仿实例来生成答案，具体的操作方法如下。

步骤 01　在 ChatGPT 的输入框中输入"请提供一篇悬疑型文章范例，150 字以内"提示词，ChatGPT 生成的回复如图 3-15 所示。

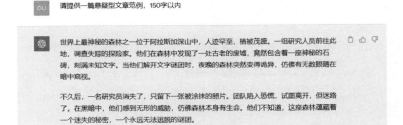

图 3-15　ChatGPT 生成的回复

步骤 02　继续输入具体的需求，如输入"模仿悬疑型文章的写法，提供一篇关于手机新品发布的文章，字数在 150 字以内"提示词，ChatGPT 生成的悬疑型内容布局如图 3-16 所示。

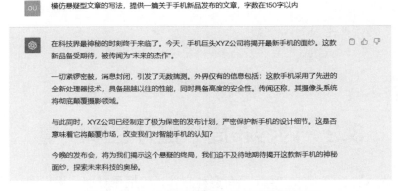

图 3-16　ChatGPT 生成的悬疑型内容布局

3.2.2　平行型

平行型内容布局是指平叙其事，讲述一个事件的多个方面，或是多个事件一起讲述的结构形式。在这类结构中，所叙述的事件没有高低、先后之分，属于平行并列的关系。下面将举例介绍运用 ChatGPT 生成平行型内容布局的方法。

扫码看视频

步骤 01　在 ChatGPT 的输入框中输入"你是一个正方辩手，请针对你所支持的观点'好心总会有好报'，提出论点"提示词，生成的回复如图 3-17 所示。

> OU　你是一个正方辩手，请针对你所支持的观点"好心总会有好报"，提出论点
>
> 作为正方辩手，我将为观点"好心总会有好报"提出以下论点：
>
> 1. 社会和人际关系的和谐：秉持好心和善意的人通常能够建立更加和谐的社会和人际关系。他们的行为能够赢得他人的尊重和信任，从而形成积极的互动和合作。这些积极关系通常会带来更多的支持、合作和友谊，为个人创造更多机会和福祉。
> 2. 心态和健康：表现出好心的人往往更乐观和心态积极。积极的心态与身心健康密切相关，可以降低焦虑和压力，提高幸福感。因此，好心的人可能更容易享受更高质量的生活。
> 3. 德行和道德：好心的行为通常被认为是一种道德品质。积累善行有助于个人建立正面的道德声誉，这对于个人和职业生涯发展至关重要。人们更愿意与道德品行良好的人合作和互动，因此好心的行为可能会带来职业和个人生活中的好处。
> 4. 社会影响力：好心的行为可以激励他人效仿。当一个人以身作则，展现出善意和慷慨，那么周围的人可能会受到启发，也表现出类似的行为。这种社会传递效应可以导致更多的人采取好心的行动，从而改善整个社会。
> 5. 超越物质回报：尽管好心的人可能并不总是追求物质回报，但他们通常会在内心感到满足和幸福。这种满足感不仅来自外部回报，还包括内在的心灵成长和满足感。因此，好心的行为本身就可以被视为一种好报。
>
> 总之，好心总会有好报，因为好心的行为不仅可以改善个人生活质量，还可以促进社会的和谐与发展，培养积极的心态，建立正面的道德声誉，以及激励他人效仿，这些都是积极的影响，最终会带来更多的好处。

图 3-17　输入对话前提后生成的回复

步骤 02　继续输入 "根据上述观点进行举例论证，并生成完整的论文"提示词，可以得到平行型内容布局，部分内容展示如图 3-18 所示。

> OU　根据上述观点进行举例论证，并生成完整的论文
>
> 以下是一个基于上述观点的示例论文：
>
> **标题：好心总会有好报：善行的力量**
>
> 引言

图 3-18　生成的平行型内容布局部分展示

善良和慷慨的品质一直以来都备受尊敬，因为它们对于个人和社会都具有重要的意义。一项广泛接受的观点是，"好心总会有好报"。这一观点表明，那些展现出好心的行为的人将最终从这些善举中受益。在本文中，我们将探讨这一观点，并提出支持它的几个论点，通过举例论证来证明好心总会带来好报的真实性。

论点1：社会和人际关系的和谐

展现好心行为的人通常能够建立更加和谐的社会和人际关系。他们的行为能够赢得他人的尊重和信任，从而形成积极的互动和合作。一个明显的例子是亲友关系。当一个人在困难时提供帮助和支持，他们通常会在需要帮助时得到回报。朋友之间的互惠关系、家庭的凝聚力都是好心行为所带来的例证。

论点2：心态和健康

表现出好心的人往往更加乐观和心态积极。这种心态有助于降低焦虑和压力，提高幸福感。例如，一个人在志愿活动中无偿付出时间和精力，与社区中的其他人建立了紧密联系，感到更加满足和快乐。心态积极的个体通常拥有更好的身心健康，因为他们能更好地应对生活中的挑战。

图 3-18　生成的平行型内容布局部分展示(续)

从上述 ChatGPT 生成的平行型内容布局来看，文中的"论点 1""论点 2"之间就属于平行关系，同样作为论据来论证"好心总会有好报"这一论点。

3.2.3　层进型

层进型内容布局是指所描述的事件、话题等具有环环相扣、循序渐进关系的结构形式。运用 ChatGPT 生成层进型内容布局，可以让ChatGPT 先生成一个故事开头，然后按照故事发展顺序进行续写，具体的操作方法如下。

扫码看视频

步骤 01　先让 ChatGPT 生成一个故事开头，如输入"提供一个神话故事开头，150 字以内"提示词，ChatGPT 生成的回复如图 3-19 所示。

　提供一个神话故事开头，150字以内

很久很久以前，地球上的一切都还是一片混沌。那时，大地上没有生物，只有浩瀚的海洋和茫茫的天空。然而，天地之间却有一个神秘的存在，一个拥有无穷力量的神灵。

这位神灵名叫希罗斯，他是时间和命运的守护者。在他的掌控之下，时间流逝，生命诞生和消逝。希罗斯的眼睛是闪烁着星辰的深邃黑暗，他的手掌可以撕裂宇宙，也可以抚平所有纷争。他的存在是神话传说的起点，他将带领我们进入一个充满奇迹和冒险的世界，一个充满挑战和希望的新纪元。

图 3-19　ChatGPT 生成的故事开头

步骤 02　让 ChatGPT 根据事情发展的先后顺序续写故事，如输入"请按事情发展的先后顺序续写这个故事"提示词，便可得到层进型内容布局，如图 3-20 所示。

> OU 请按事情发展的先后顺序续写这个故事

在希罗斯的宇宙中，时间流逝如河水，生命在他的指引下茁壮成长。随着时间的推移，大地开始变得丰富多彩，生物在他的掌管下蓬勃发展。

一天，希罗斯决定为大地上的生灵赋予智慧和灵魂，让他们能够思考、创造和探索。于是，他创造了人类。人类成为了大地上的主人，开始建立文明、艺术和科学，探索未知的领域。

然而，随着时间的推移，人类也陷入了纷争和矛盾之中。希罗斯看到了人类的苦痛和分歧，他决定再次干涉。他为人类赋予了智慧，使他们更加理解和接纳彼此，促使和平与和谐的时代降临。

希罗斯的存在成为了人类神话中的一部分，他的形象被传颂千年。他的故事告诉人们，时间是宝贵的，智慧是强大的，而和平与和谐是值得追求的目标。希罗斯的传说将继续在人类文化中传承下去，启发人们追求更高的境界。

图 3-20　ChatGPT 续写故事

3.2.4　总分总型

扫码看视频

总分总型内容布局是一种常见的结构方式，具体是指按照"总写一分写一总写"来布局内容，如文案的开头先总体概括全部的内容，然后中间部分进行详细介绍，最后总结并升华内容。

运用 ChatGPT 生成"总分总"型内容布局是最省力的操作，因为 ChatGPT 无论生成哪种文本，都是按照"总—分—总"结构来布局的。下面举例说明 ChatGPT 生成"总分总"型内容布局的方法。

步骤 01 输入"朋友的生日贺卡一般写什么内容"提示词，让 ChatGPT 生成对话前提，如图 3-21 所示。

> OU 朋友的生日贺卡一般写什么内容

朋友的生日贺卡内容可以根据你们的友情深浅以及你的个人风格来进行定制，但通常包括以下几个元素：

1. 生日祝福语句：表达对朋友的生日祝福，可以简单直接或者创意十足，比如"祝你生日快乐""愿你的生日充满快乐和欢笑"或者更具创意的祝福。
2. 对朋友的感情表达：可以表达你对朋友的喜爱和感激之情，比如"感谢你一直以来的陪伴和支持"或者"你是我生活中的重要一部分，希望我们的友情永远持续下去"。
3. 回忆和共同经历：提到你们在一起的美好时光或者共同经历的趣事，这会让贺卡更加个性化和有温馨的回忆。
4. 未来的祝愿：表达对朋友未来的美好祝愿，包括健康、成功、幸福等方面的愿望。
5. 笑话或幽默：如果你和朋友有一些共同的幽默感，可以加入一些幽默或搞笑的元素，让贺卡更加轻松愉快。
6. 个性化的消息或引用：如果你们有一些特殊的内部笑话或共同的喜好，可以在贺卡中加入相关的内容，这会让贺卡更具亲切感。

总之，生日贺卡的内容应该充满真诚和友情，让朋友感到被珍惜和重要。最重要的是，让贺卡内容反映你们之间的特殊关系和互动。

图 3-21　ChatGPT 生成的对话前提

步骤 02 表达具体的需求，如输入"提供一份祝福朋友生日快乐的贺卡，先表达祝福，再结合具体的实例，最后送上祝愿"提示词，得到的回复如图 3-22 所示。

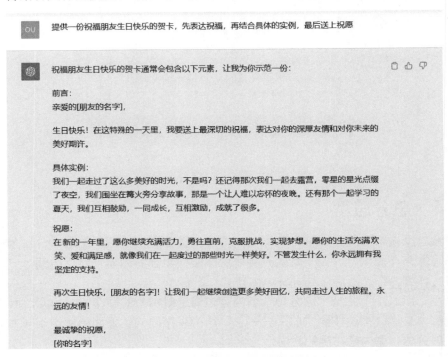

图 3-22　表达具体的需求后得到的回复

需要注意的是，运用 ChatGPT 生成"总分总"型内容布局时，尽量不要直接在提示词中输入"总—分—总"结构，以免 ChatGPT 识别出错。

3.3　文案结尾：引导受众思考

文案的结尾起着总结与强调观点、呼吁读者采取行动、给读者留下深刻印象和引导读者深入思考的作用。好的结尾能够增强文案的吸引力和影响力，因此创作者们有必要重视文案结尾的创作。本节将介绍运用 ChatGPT 生成 4 种文案结尾的方法，帮助创作者们提高创作文案的水平和效率。

3.3.1　呼应型

呼应型文案结尾是一种在结尾处呼应主体内容或开头的文案技巧。这类文案技巧最主要的作用是强化信息，在广告营销文案中应用较广，能够

扫码看视频

起到加深读者对产品的印象和增强读者信任的作用。下面将举例介绍运用 ChatGPT 生成呼应型文案结尾的操作方法。

步骤 01　让 ChatGPT 生成一段关于电商产品的文案开头，如输入"为毛笔产品提供一段描述作为文案开头"提示词，得到的回复如图 3-23 所示。

OU　为毛笔产品提供一段描述作为文案开头

毛笔，古老而优雅的书写工具，承载着千年的文化传承和艺术情感。它是中国书法的灵魂，是文字的舞台，是一种独特的工艺品，能够将思绪和创意转化为绘画般的字体。每一支毛笔都是一位书法家的得力助手，一个艺术家的灵感源泉，一个文人墨客的伴侣。它不仅是一种工具，更是一种文化的象征，一种艺术的表达，一种情感的传递。无论是用于写诗、绘画、书法还是日常写作，毛笔都能为你的文字增添一份独特的韵味，一种传统的魅力，让你的创作更加深邃和具有内涵。在快节奏的现代生活中，拥有一支精美的毛笔，不仅是对传统文化的尊重，也是对自己内在艺术追求的一种体现。让毛笔与你一同书写人生的篇章，感受古老与现代的完美融合。

图 3-23　ChatGPT 生成关于电商产品的文案开头

步骤 02　让 ChatGPT 根据这段开头，生成一段前后呼应的文案结尾，在输入框中输入"根据这段开头提供一段前后呼应的文案结尾"提示词，ChatGPT 生成的呼应型文案结尾如图 3-24 所示。

OU　根据这段开头提供一段前后呼应的文案结尾

在快节奏的现代生活中，拥有一支精美的毛笔，不仅是对传统文化的尊重，也是对自己内在艺术追求的一种体现。让毛笔与你一同书写人生的篇章，感受古老与现代的完美融合。毛笔，如一位默默的艺术伴侣，陪伴你在纸上书写梦想，记录思考，绘制未来。无论你是书法爱好者，绘画艺术家，还是喜欢写信的浪漫主义者，一支精致的毛笔都将为你的创作增添一份独特的韵味，一种传统的魅力。让我们一同珍惜这个古老而珍贵的文化遗产，将毛笔的绚丽色彩与古朴魅力融入每一次的书写与创作，传承下去，永不止息。毛笔，不仅是工具，更是一份文化的传承，一种艺术的永恒，一段情感的传递。

图 3-24　ChatGPT 生成的呼应型文案结尾

3.3.2　引用型

扫码看视频

引用型文案结尾是一种在结尾处引用文学典籍、文人词句、典故、名言名句等来深化思想、升华主题的文案技巧。这类技巧在引用时需注意的是，选择的名言名句要紧扣文案主体内容，且具有说服力和影响力。运用 ChatGPT 生成引用型文案结尾的方法与其生成引经据典型文案开头的方法类似，具体的操作方法如下。

步骤 01　用户可以根据任务需求，让 ChatGPT 生成对话前提，如在 ChatGPT 的输入框中输入"有哪些名言警句可以用作论述理想的重要性"提示词，得到 ChatGPT 的回复如图 3-25 所示。

有哪些名言警句可以用作论述理想的重要性

理想的重要性在于它们激发个人、社会和文化的进步和成就。以下是一些名言和警句，可以用来论述理想的重要性：

1. "没有人可以阻挡一个拥有正确理想的人。" —— Victor Hugo
2. "理想是人类灵魂的明灯。" —— 爱因斯坦
3. "没有理想，生活就失去了目标。" —— 林肯
4. "一个拥有理想的人，拥有了无穷无尽的力量。" ——路易斯·皮卡
5. "理想是一颗耀眼的星，它为我们指明了前进的方向。" —— 埃莉诺·罗斯福
6. "理想不是遥不可及的梦想，而是值得为之努力的目标。" —— 威廉·福克纳
7. "理想是行动的动力，成功的前奏，生活的灵魂。" —— 加里·哈曼
8. "在世界上，最重要的是要有梦想，然后追求它们。" —— 玛丽·克劳斯
9. "理想是一种力量，可以创造奇迹。" —— 埃米尔·克勒克尔宁
10. "理想是人生的指南针，它让我们在前行中找到方向。" —— 阿诺德·施瓦辛格

这些名言和警句强调了理想的重要性，它们鼓励个人追求梦想、设定目标，并通过坚定的信念和努力实现自己的抱负。在实际生活中，理想不仅仅是抽象的愿望，而是激励人们行动和成长的关键因素。

图 3-25　ChatGPT 生成的对话前提

步骤 02　接下来，根据 ChatGPT 的回复输入具体的需求，如输入"请引用'没有理想，生活就失去了目标'的观点，提供一个升华主题的文案结尾"提示词，得到的引用型文案结尾如图 3-26 所示。

 请引用"没有理想，生活就失去了目标"的观点，提供一个升华主题的文案结尾

"没有理想，生活就失去了目标"这一观点表达了理想的重要性，它们是我们前进道路上的明灯，激励我们前行。在这个现实与梦想的交汇点上，我们不仅仅是生活的旁观者，更是塑造自己命运的创作者。正如一位伟大的思想家所说：「人们之所以伟大，不是因为他们实现了伟大的事迹，而是因为他们拥有伟大的理想。」

所以，无论生活的坎坷和挑战多么严峻，让我们牢记：理想是我们前行的动力，是我们奋发向前的原因。它们是我们内心的星光，点亮前路，照亮前行。在理想的引领下，我们能够超越自己，实现更大的成就，为这个世界带来更多的美好。因为没有理想，生活就失去了目标，而有了理想，我们则能创造出一个更加博大精彩的明天。愿我们一直怀揣理想，坚定前行，为升华人生的伟大旅程继续努力着。

图 3-26　ChatGPT 生成的引用型文案结尾

3.3.3　修辞型

修辞型文案结尾是一种在结尾处运用修辞手法来写作的文案技巧。这类文案技巧可以起到增强文案的表现力和感染力，增加受众记忆点的作用。要想生成修辞型文案结尾，可以在提示词中提供具体的修辞手法，以便获得更有效的

扫码看视频

回复。下面介绍运用 ChatGPT 生成修辞型文案结尾的具体操作方法。

步骤 01 先让 ChatGPT 生成对话前提，在输入框中输入"你知道比喻手法吗？"提示词，得到 ChatGPT 的回复如图 3-27 所示。

图 3-27　ChatGPT 生成的对话前提

步骤 02 接着输入具体的需求，如输入"请运用比喻手法为一篇情感类公众号文章提供文案结尾"提示词，ChatGPT 生成的修辞型文案结尾如图 3-28 所示。

图 3-28　ChatGPT 生成的修辞型文案结尾

3.3.4　反转型

扫码看视频

反转型文案结尾是一种在结尾处给人出乎意料感觉的文案技巧。这类文案技巧通常融入幽默元素，作为搞笑视频的结尾，并给受众留下深刻的印象。用户输入恰当的提示词，能够引导 ChatGPT 生成反转型文案结尾，具体的操作方法如下。

步骤 01 先让 ChatGPT 生成一个幽默故事的脚本，在输入框中输入"提供一个幽默故事的脚本，带有故事情节的，300 字以内"提示词，得到 ChatGPT 的回复如图 3-29 所示。

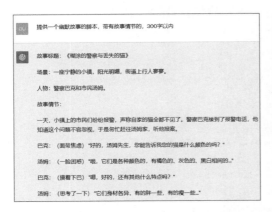

图 3-29　ChatGPT 生成的幽默故事脚本

步骤 02　接着让 ChatGPT 优化这个脚本，如输入"改写这个故事的结局，要求出人意料"提示词，得到的回复如图 3-30 所示。

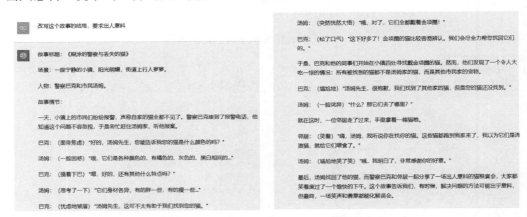

图 3-30　ChatGPT 生成的反转型文案结尾(1)

从上述示例中可以看出，ChatGPT 对幽默感的把握和反转的设置还有所欠缺。用户还可以引导 ChatGPT 先生成一个完整的故事，然后将故事结局改为出人意料的走向，具体的操作方法如下。

步骤 01　新建一个对话窗口，先让 ChatGPT 生成一个完整的寓言故事，在输入框中输入"提供一个寓言故事，字数在 150 字以内"提示词，ChatGPT 给出的回复如图 3-31 所示。

步骤 02　让 ChatGPT 改写故事结局，在输入框中输入"改写这个故事的结局，要求出人意料"提示词，便可以生成反转型文案结尾，如图 3-32 所示。

在一片森林中，有一只年老的狐狸，它以机智和聪明而闻名。一天，狐狸召集了其他动物，告诉它们一则故事。故事说，森林中的大树要遭受风暴袭击，只有联合起来，动物们才能一起合力保护大树。听罢，动物们心生团结之念。果真，当风暴来临时，它们团结一致，为大树挡住狂风暴雨。风暴过后，动物们更加明白：团结是最坚固的庇护所。从那以后，森林中的动物们变得更加团结，共同面对生活的挑战，他们明白：团结的力量胜过一切。

图 3-31 ChatGPT 生成的故事

在森林里，年老的狐狸告诉其他动物，说大树即将被风暴摧毁。动物们欣然合作，准备保护大树。然而，当风暴来袭时，狐狸却提前找到一个坚实的洞穴躲避，让其它动物独自面对风雨。动物们团结协作，竭尽全力保护大树，最终成功挡住风暴。风暴过后，其它动物发现狐狸的欺骗，大家一度愤怒，但狐狸却笑着说："这次是为了让你们更团结，你们证明了团结的力量。"动物们闻言明白，原来狐狸这么做是为了教给它们一个更深刻的道理。从此以后，动物们更加紧密团结，狐狸成为了它们的朋友。

图 3-32 ChatGPT 生成的反转型文案结尾(2)

第 4 章

制作电商类文案

学前提示

电商类文案是常见的文案类型，主要是指用文案的手段将产品的卖点呈现出来。电商类文案分为主图文案、详情页文案、品牌文案、销售文案、商品海报文案等多种类型。本章将介绍运用 ChatGPT 生成不同类型的电商类文案的方法。

要点提示

▶ 主图文案

▶ 详情页文案

▶ 品牌文案

▶ 销售文案

▶ 商品海报文案

4.1 主图文案

在电商领域中，主图文案是指在产品展示页面上显示的主图旁边的文字描述。主图文案通常用于吸引用户的注意力并传达产品的关键信息。它的目的是吸引潜在买家，并概述产品的特点、功能或优势，从而促使他们进一步了解并购买该产品。运用ChatGPT 可以快速生成主图文案，本节就来为大家介绍具体的操作方法。

4.1.1 输入提示，分析需求

想要运用 ChatGPT 生成主图文案，首先要分析受众的需求，这样可以了解到受众的喜好，吸引受众注意，详细的操作步骤如下。

在 ChatGPT 的输入框中输入提示词，如"请帮我分析一下年轻人对洗发水产品的需求和喜好"，按 Enter 键确认，ChatGPT 会提供洗发水产品的受众需求，如图 4-1 所示。

> 请帮我分析一下年轻人对洗发水产品的需求和喜好
>
> 年轻人对洗发水产品的需求和喜好受到多种因素的影响，其中包括个人偏好、生活方式、环保意识以及品牌认知等。以下是一些可能影响年轻人对洗发水产品需求和喜好的因素：
>
> 1. 成分和效果：
>   - 年轻人通常更注重洗发水的成分，倾向于选择天然成分、无害化学物质和无硅配方的产品。他们追求洗发水能够提供清洁、滋养和保湿的效果，帮助改善头发质量。
> 2. 个性化：
>   - 年轻人希望能够找到适合自己头发类型和需求的洗发水产品，因此喜好多样性。一些人可能需要去屑或控制油脂，而另一些人可能希望增加头发的体积或保护染发颜色。
> 3. 环保和可持续性：
>   - 年轻人对环保问题更加敏感，他们倾向于选择环保友好的洗发水产品，如可回收包装、无动物测试和可再生能源生产的产品。
> 4. 无刺激和低敏感：
>   - 年轻人可能更容易对某些化学物质产生过敏或敏感反应，因此他们倾向于选择无香料或低敏感配方的洗发水。
> 5. 品牌认知：
>   - 年轻人可能更倾向于购买知名品牌或受到社交媒体、网红或名人背书的产品，因为这些产品通常能够满足他们的个性化需求并与他们的生活方式相契合。
> 6. 价格和价值：
>   - 年轻人在购买洗发水产品时也会考虑价格。他们可能更愿意购买价格合理、性价比高的产品，而不一定会选择高端奢侈品牌。
> 7. 包装和设计：
>   - 产品包装和设计对年轻人也很重要。吸引人的包装和创意设计可以增加产品的吸引力。

图 4-1 ChatGPT 提供特定产品的受众需求

8. 在线购物和社交媒体：
　　• 年轻人更倾向于在互联网上搜索和购买洗发水产品，因此在线评论和社交媒体的影响力也会影响他们的选择。

总的来说，年轻人对洗发水产品的需求和喜好更加多元化，注重个性化、环保和品质。因此，品牌和制造商需要根据这些趋势不断调整产品策略，以满足年轻人的需求并提供吸引他们的产品。

图4-1　ChatGPT提供特定产品的受众需求(续)

4.1.2　结合需求，提炼亮点

明确受众需求之后，我们需要去提炼产品的亮点，让受众观察到产品的优势和特点，下面就来为大家介绍详细的操作步骤。

在同一个输入框中继续输入提示词，如"请结合受众需求，提炼出修护型洗发水的亮点和优势"，按 Enter 键确认，ChatGPT 会提炼出特定产品的亮点，如图4-2所示。

基于年轻人的需求和喜好，针对修护型洗发水，以下是一些可能的亮点和优势：

1. **天然成分**：采用天然成分，如植物提取物和植物油，以提供温和而有效的修护，避免对头发和头皮产生刺激。
2. **深层滋养**：提供深层滋养，修复受损的头发，改善发质，使头发更加柔软、光滑和有光泽。
3. **无硅配方**：无硅配方，不会在头发上留下残留物，避免积累导致头发变得沉重或无光泽。
4. **低敏感**：温和的配方，适合敏感皮肤，减少过敏或刺激的可能性。
5. **去屑效果**：具备去屑效果，保持头皮清洁，减少头皮屑问题。
6. **环保包装**：采用可回收材料制作包装，减少环境影响，符合环保倡导。
7. **持久香味**：提供持久的天然香味，使使用者在洗发后头发芳香宜人。
8. **适合各种发质**：适用于各种发质，包括干燥、受损、染发或卷曲发型，满足个性化需求。
9. **可信赖的品牌**：生产商可以强调产品是由一家可信赖的公司制造，符合所有必要的质量标准和测试。
10. **社交媒体宣传**：通过社交媒体和网红推广，展示产品的使用效果，吸引年轻人的关注。

这些亮点和优势能够满足年轻人对修护型洗发水的需求，强调产品的天然性、温和性、环保性以及个性化适用性，有助于吸引他们选择这种产品。

图4-2　ChatGPT提炼出的特定产品的亮点

4.1.3　提出需求，撰写文案

根据受众需求提炼出产品的亮点和优势之后，就可以撰写主图文案了，详细的操作步骤如下。

在同一个输入框中继续输入提示词，如"请根据以上信息，撰写修护型洗发水的电商主图文案，要求语言精简、突出产品亮点"，按 Enter 键确认，ChatGPT 会生成电商主图文案，如图4-3所示。

图 4-3　ChatGPT 生成的电商主图文案

扫码看视频

4.2　详情页文案

详情页文案是电商领域用于描述产品详细特征的文字内容，包括产品的具体功能、设计特点、规格包装、使用说明、注意事项等元素，能够以文字的形式全面地介绍产品。

运用 ChatGPT 生成详情页文案，可以先让 ChatGPT 生成详情页文案的示例，再让 ChatGPT 生成真正所需的文案。本节就来为大家介绍具体的操作方法。

4.2.1　建立前提，设置背景

想要运用 ChatGPT 生成详情页文案，可以先让 ChatGPT 建立对话前提，这样能让 ChatGPT 根据模板生成我们想要的答案，详细的操作步骤如下。

在 ChatGPT 的输入框中输入带有详情页文案的提示词，如"提供详情页文案示例"，生成的回复如图 4-4 所示。

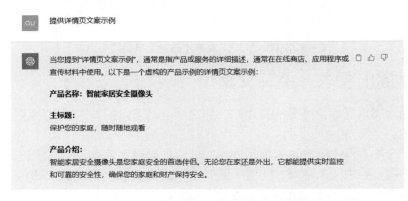

图 4-4　ChatGPT 生成的详情页文案示例

主要功能：

- **高清视频质量：** 1080p高清摄像头，提供清晰的实时画面。
- **智能侦测：** 内置智能侦测技术，可检测异常活动并即时通知您。
- **远程访问：** 通过手机应用，随时随地查看摄像头画面。
- **双向通信：** 内置扬声器和麦克风，可与家人进行双向通话。
- **夜视功能：** 自动切换到黑白夜视模式，确保在低光条件下也有清晰的视觉。
- **云存储：** 可选的云存储计划，确保视频记录始终安全可靠。
- **简便安装：** 只需几分钟，即可轻松安装和设置摄像头。

安全保障：

我们致力于保护您的隐私和数据安全。所有视频数据都经过加密传输，并且只有您能够访问它们。

包装内容：

- 智能家居安全摄像头
- 电源适配器
- 安装支架
- 快速安装指南

为什么选择我们的摄像头？

- 高性能和可靠性
- 轻松安装和使用
- 24/7 客户支持团队
- 1年保修和售后服务

保护您的家庭，留下无忧。 购买智能家居安全摄像头，确保您的家庭安全无忧。

请注意，详情页文案的内容应根据产品或服务的特点进行调整，以便最好地展示其价值和吸引力，吸引潜在客户。

图 4-4　ChatGPT 生成的详情页文案示例(续)

4.2.2　提出需求，生成文案

ChatGPT 建立了对话前提之后，就可以输入具体的需求了，详细的操作步骤如下。

在同一个输入框中继续输入提示词，如"模仿上述示例，提供《摄影构图从入门到精通》这本书的详情页文案"，生成的回复如图 4-5 所示。

当涉及到书籍详情页文案时，以下是《摄影构图从入门到精通》这本书的虚构示例：

书名： 摄影构图从入门到精通

主标题：
掌握艺术构图的诀窍，让您的照片脱颖而出

图 4-5　ChatGPT 生成满足需求的详情页文案

书籍介绍：

《摄影构图从入门到精通》是一本深入浅出的指南，旨在帮助摄影爱好者和专业摄影师提高构图技巧，使他们的摄影作品更具创意和吸引力。

主要内容：

- **构图基础**：从摄影的基本构图规则开始，让您了解如何正确使用线条、对比和比例。
- **视角探索**：探讨不同视角和角度的影响，以及如何选择最适合您的场景的视角。
- **光线之美**：研究光线的作用，学习如何有效地利用光线来增强您的照片。
- **色彩的魔力**：探索色彩在构图中的重要性，以及如何选择、组合和突出使用色彩。
- **故事叙述**：学习如何通过构图讲述有力的故事，让观众沉浸在照片中。
- **实战技巧**：通过实例和练习，让您将所学应用到实际拍摄中。

为什么选择这本书?

- 提供丰富的构图技巧和示例，适用于初学者和有经验的摄影师。
- 通过清晰的解释和视觉效果图示，易于理解和学习。
- 融合了艺术性和技术性，使您能够拍摄出令人印象深刻的照片。
- 适用于各种摄影类型，包括风景、人像、城市摄影等。

这本书将帮助您发现摄影构图的魅力，提高您的摄影技能，让您的照片引人注目。无论您是新手还是经验丰富的摄影师，都会从中受益匪浅。订购《摄影构图从入门到精通》并开启摄影之旅的新篇章。

请注意，详情页文案的内容应根据书籍的特点进行调整，以便最好地展示其价值和吸引力，吸引潜在读者。

图 4-5　ChatGPT 生成满足需求的详情页文案(续)

可以看出，ChatGPT 按照输入的提示词和详情页文案的特征生成了满足我们需求的回复，针对书这类的产品，还加入了读者评价，让详情页文案更具说服力。

4.3　品牌文案

扫码看视频

品牌文案是一种借宣传企业的品牌来促进商品销售的电商文案。这类文案主要是以宣传品牌为主，让受众了解并认可品牌，从而主动购买品牌下所属的产品或服务。例如，热门的短视频平台——抖音，其品牌文案是"记录美好生活"，采用简短、有记忆点的标语既概括了抖音的功能和特点，又可以起到呼吁受众使用抖音的作用。

运用 ChatGPT 生成品牌文案，第一种方法是直接向 ChatGPT 描述品牌的详细信息，让 ChatGPT 根据品牌信息生成文案；第二种方法是让 ChatGPT 先设计出一个品牌，再为这个品牌提供宣传文案。本节以第二种方法为例介绍详细的操作步骤。

4.3.1　赋予身份，提出需求

想要运用 ChatGPT 生成品牌文案，首先需要让 ChatGPT 设计出一个品牌，详细的操作步骤如下。

赋予 ChatGPT 一定的身份，让其自创一个品牌，如输入“你是创业者，打算创建一个专门销售美妆产品的品牌，生成你的品牌信息”提示词，生成的回复如图 4-6 所示。

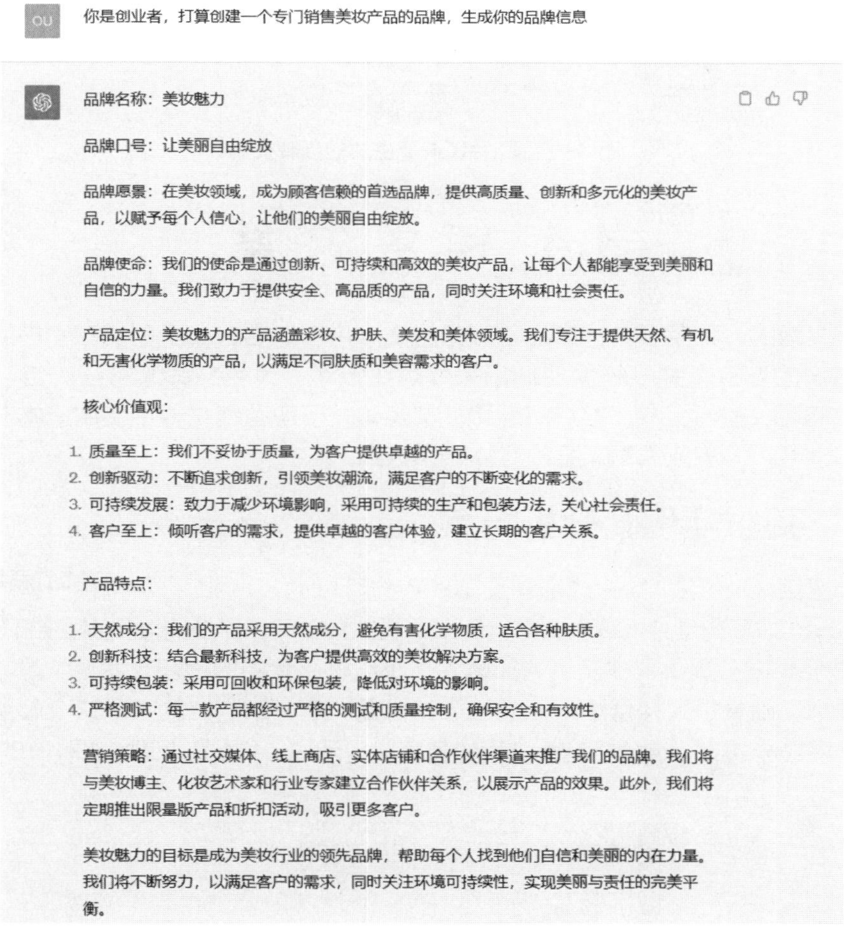
你是创业者，打算创建一个专门销售美妆产品的品牌，生成你的品牌信息

品牌名称：美妆魅力

品牌口号：让美丽自由绽放

品牌愿景：在美妆领域，成为顾客信赖的首选品牌，提供高质量、创新和多元化的美妆产品，以赋予每个人信心，让他们的美丽自由绽放。

品牌使命：我们的使命是通过创新、可持续和高效的美妆产品，让每个人都能享受到美丽和自信的力量。我们致力于提供安全、高品质的产品，同时关注环境和社会责任。

产品定位：美妆魅力的产品涵盖彩妆、护肤、美发和美体领域。我们专注于提供天然、有机和无害化学物质的产品，以满足不同肤质和美容需求的客户。

核心价值观：

1. 质量至上：我们不妥协于质量，为客户提供卓越的产品。
2. 创新驱动：不断追求创新，引领美妆潮流，满足客户的不断变化的需求。
3. 可持续发展：致力于减少环境影响，采用可持续的生产和包装方法，关心社会责任。
4. 客户至上：倾听客户的需求，提供卓越的客户体验，建立长期的客户关系。

产品特点：

1. 天然成分：我们的产品采用天然成分，避免有害化学物质，适合各种肤质。
2. 创新科技：结合最新科技，为客户提供高效的美妆解决方案。
3. 可持续包装：采用可回收和环保包装，降低对环境的影响。
4. 严格测试：每一款产品都经过严格的测试和质量控制，确保安全和有效性。

营销策略：通过社交媒体、线上商店、实体店铺和合作伙伴渠道来推广我们的品牌。我们将与美妆博主、化妆艺术家和行业专家建立合作伙伴关系，以展示产品的效果。此外，我们将定期推出限量版产品和折扣活动，吸引更多客户。

美妆魅力的目标是成为美妆行业的领先品牌，帮助每个人找到他们自信和美丽的内在力量。我们将不断努力，以满足客户的需求，同时关注环境可持续性，实现美丽与责任的完美平衡。

图 4-6 ChatGPT 生成的自创品牌信息

4.3.2 提出需求，生成文案

让 ChatGPT 自创完品牌之后，就可以生成品牌文案了，详细的操作步骤如下。

让 ChatGPT 根据所生成的品牌信息提供品牌文案，如输入“为你的品牌生成品牌文案进行推广，要求语言简洁、有吸引力”提示词，ChatGPT 生成的回复如

图 4-7 所示。

为你的品牌生成品牌文案进行推广，要求语言简洁、有吸引力

品牌文案：

"美妆魅力 - 美丽的秘密，由你揭晓。"

这句简洁而有吸引力的品牌文案旨在传达美妆魅力品牌的核心理念：每个人都有内在的美丽，我们的产品将帮助您揭开美丽的秘密，让您的魅力自由绽放。

图 4-7　ChatGPT 生成的品牌文案

扫码看视频

4.4　销　售　文　案

销售文案是一种用于推销产品、服务的文字内容。它旨在吸引潜在客户的兴趣，建立与客户的连接，并最终促使他们采取购买行动。销售文案通常在广告、销售页面、产品描述、宣传资料、推广邮件和社交媒体帖子等营销材料中使用。本节就来介绍运用 ChatGPT 生成销售文案的具体操作步骤。

4.4.1　提供实例，分析特点

想要运用 ChatGPT 生成销售文案，首先可以向 ChatGPT 提供一些具体的实例，让 ChatGPT 通过分析销售文案实例来熟悉销售文案，详细的操作步骤如下。

向 ChatGPT 提供具体实例，如输入"小红书平台中的销售文案通常是'我试用了这款眼霜，简直是太神奇了！''如果你也是一个喜欢整洁的人，这个收纳箱绝对是你的理想之选。'，请分析这类文案的特点"提示词，得到的回复如图 4-8 所示。

小红书平台中的销售文案通常是"我试用了这款眼霜，简直是太神奇了！""如果你也是一个喜欢整洁的人，这个收纳箱绝对是你的理想之选。"，请分析这类文案的特点

小红书平台中的销售文案通常具有以下特点：

1. 个人化体验描述：这类文案通常以第一人称的方式呈现，强调了作者个人的亲身体验，如"我试用了"或"我觉得"。这有助于建立信任，因为读者可以感受到作者的真实感受和建议。
2. 强调产品效果：文案强调产品的神奇或优越性能，旨在激发读者的好奇心和兴趣。描述产品的效果能够吸引那些寻找解决特定问题或需求的潜在买家。
3. 情感化语言：文案中通常使用情感化的语言，如"太神奇"或"理想之选"。这样的词汇有助于激发情感共鸣，使读者更容易与产品建立情感联系。
4. 目标受众识别：文案中可能包含受众识别的元素，如"如果你也是一个喜欢整洁的人"。这有助于定位特定目标受众，使他们能够感到文案与他们的需求和喜好相关。

图 4-8　提供具体的实例后得到的回复

5. 引导行动：文案通常会鼓励读者采取行动，如购买产品、了解更多信息或与作者互动。这种明确的呼吁有助于促进销售和互动。

6. 视觉元素：文案通常会与图片、视频或链接结合使用，以提供更多的信息和视觉吸引力。这有助于进一步吸引读者并提供更多产品信息。

这些特点的结合使这类销售文案在小红书等社交媒体平台上更具吸引力，能够吸引潜在消费者的兴趣，帮助品牌推广产品，并促进销售。

图 4-8　提供具体的实例后得到的回复(续)

4.4.2　模仿实例，生成文案

让 ChatGPT 熟悉销售文案之后，就可以让其根据实例生成所需的文案，详细的操作步骤如下。

让 ChatGPT 模仿实例，生成所需的销售文案，如输入"模仿上述销售文案的写法，生成宣传烧水壶的销售文案"提示词，生成的回复如图 4-9 所示。

OU　模仿上述销售文案的写法，生成宣传烧水壶的销售文案

当我第一次使用这款烧水壶时，真的是太惊艳了！无论你是一个茶饮爱好者还是喜欢咖啡的人，这个烧水壶都是你的不二之选。它的快速加热功能简直是太神奇了，几分钟内就可以烧开一壶水，让你的茶或咖啡瞬间变得更美味。而且，它的外观也非常时尚，绝对能够提升你的厨房品味。如果你也想拥有一款高效、时尚的烧水壶，不要错过这个机会，赶紧购买吧！点击链接了解更多详情。🍵🫖 #烧水壶 #家居必备 #美味热水

图 4-9　ChatGPT 通过模仿实例生成的销售文案

由 ChatGPT 的回复可知，用户提供更有吸引力的实例和具体的产品描述，会让 ChatGPT 生成的销售文案更准确和高效。

4.5　商品海报文案

扫码看视频

商品海报文案类似于主图文案，是用于图片中对产品进行描述的文字说明。但相比于主图文案，商品海报文案中包含的要素更多，通常包括一个引人注目的标题、简要的产品描述、促销信息、商家的联系方式、呼吁受众采取行动的话语等。本节将介绍运用 ChatGPT 生成商品海报文案的操作步骤。

4.5.1　赋予身份，设置背景

要想运用 ChatGPT 生成商品海报文案，可以先让 ChatGPT 生成一份商品促销活动计划，详细的操作步骤如下。

让 ChatGPT 生成一份商品促销活动计划，如输入"你现在是一位专业的活动企划，请生成蓝牙耳机促销活动计划清单，包括重要任务和截止日期。"提示词，生成的回复如图 4-10 所示。

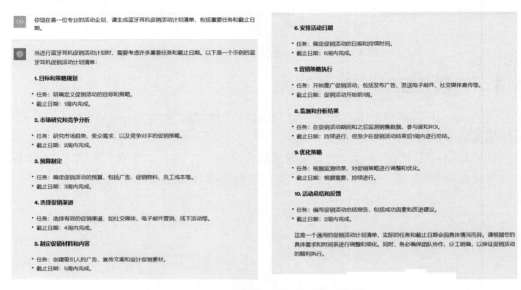

图 4-10　ChatGPT 生成的商品促销活动计划

4.5.2　提出需求，生成文案

让 ChatGPT 根据活动计划生成商品海报文案，如输入"根据上述活动计划，生成用于宣传海报中的文案"提示词，生成的回复如图 4-11 所示。

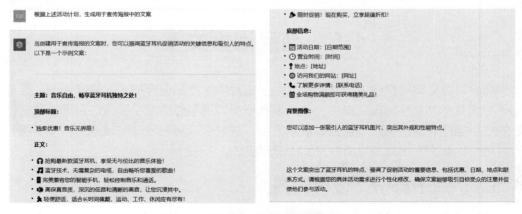

图 4-11　ChatGPT 生成的商品海报文案

第 5 章

制作新媒体文案

学前提示

新媒体文案是指用于新媒体平台上推广、营销或传播的文字内容。这类文案是一种常见的广告形式，应互联网和数字传媒技术的发展而产生，且应用越来越广泛。本章将介绍运用 ChatGPT 生成不同类型的新媒体文案的方法。

要点提示

▶ 公众号文案

▶ 小红书文案

▶ 头条号文案

▶ 微博文案

5.1 公众号文案

公众号文案是新媒体文案的重要组成部分，主要指的是在微信公众号平台上发布的软文，它不仅具有文章的结构和功能，而且发挥着营销推广、价值传递和行动引导等作用。这类文案最主要的特征是富有互动性，鼓励受众参与互动，以增加受众的黏性。

公众号文案因其作用和内容的不同，可以分为如图 5-1 所示的几种类型。

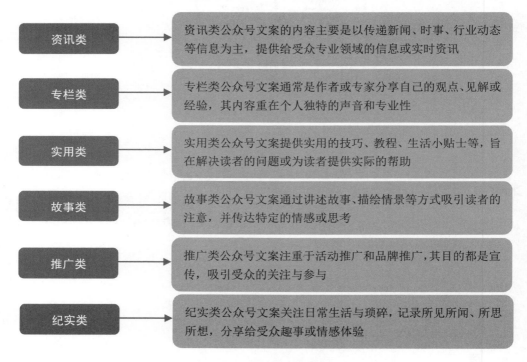

资讯类	资讯类公众号文案的内容主要是以传递新闻、时事、行业动态等信息为主，提供给受众专业领域的信息或实时资讯
专栏类	专栏类公众号文案通常是作者或专家分享自己的观点、见解或经验，其内容重在个人独特的声音和专业性
实用类	实用类公众号文案提供实用的技巧、教程、生活小贴士等，旨在解决读者的问题或为读者提供实际的帮助
故事类	故事类公众号文案通过讲述故事、描绘情景等方式吸引读者的注意，并传达特定的情感或思考
推广类	推广类公众号文案注重于活动推广和品牌推广，其目的都是宣传，吸引受众的关注与参与
纪实类	纪实类公众号文案关注日常生活与琐碎，记录所见所闻、所思所想，分享给受众趣事或情感体验

图 5-1 公众号文案的类型

这些不同类型的公众号文案并不是相互独立的，可以结合多种类型进行创作，以满足读者的不同需求和兴趣。同时，文案类型的选择也要根据公众号的定位、受众群体和目标来确定。本节将以生成实用类公众号文案为例介绍如何使用 ChatGPT 进行操作。

5.1.1 输入提示，设置背景

用户在运用 ChatGPT 生成公众号文案时，可以根据公众号文案的不同类型来提炼和编写提示词，从而提高 ChatGPT 生成公众号文案的有效性和准确性，详细的操作步骤如下。

在 ChatGPT 的输入框中输入对话前提，如输入"一篇完整的公众号文案需要具备哪些要素？"提示词，让 ChatGPT 建立关于公众号文案的知识背景，生成的回复如图 5-2 所示。

图 5-2 ChatGPT 根据对话前提生成的回复

5.1.2 提出需求，生成文案

提供给 ChatGPT 种子词，如输入"根据种子词生成一篇实用类公众号文案，use a temperature of 1，种子词有吹风机、棉签、水杯和充电线"提示词，让 ChatGPT 根据我们所给的提示词生成相应的文案，如图 5-3 所示。

图 5-3 ChatGPT 根据种子词生成的实用类公众号文案

5.2 小红书文案

扫码看视频

小红书文案是指发布于小红书平台上的文字内容。小红书是热门的新媒体平台之一，能够满足受众分享好物、记录日常的需求。在小红书平台上，用户可以以图文或视频的形式来分享或记录生活，因此小红书文案在新媒体文案中占有重要的地位。用户运用 ChatGPT 可以生成小红书文案，本节就来介绍具体的操作方法。

5.2.1　输入提示，设置背景

在引导 ChatGPT 生成小红书文案之前，要确保 ChatGPT 了解小红书，详细的操作步骤如下。

在 ChatGPT 的输入框中输入对话前提，如输入"你了解小红书吗"提示词，生成的回复如图 5-4 所示。

OU　你了解小红书吗

了解。小红书（Red）是一家中国社交电子商务平台，旨在帮助用户分享和发现有关时尚、美妆、生活方式和旅行等主题的信息和产品。用户可以在平台上创建和分享包括商品购物清单、美妆教程、旅行经验、食品推荐和生活技巧等内容。小红书的社交功能允许用户互动、关注其他用户，并从他们的建议和评价中获得有关产品和服务的信息。

小红书也提供了直接购买产品的功能，用户可以在平台上购买他们在用户分享的内容中看到的产品，使其具有电子商务元素。小红书也与许多品牌和零售商合作，以在其平台上销售产品。

小红书在中国广受欢迎，特别是在年轻人中，因为它为用户提供了一个社交和购物的一体化体验。它在社交电子商务领域取得了成功，成为了一个有影响力的平台，许多品牌和营销人员也将其作为推广产品和服务的重要渠道。

图 5-4　输入对话前提后 ChatGPT 的回复

5.2.2　验证 AI，确定风格

在输入框中继续输入"用小红书的文案风格写一篇 150 字的文章"提示词，生成的回复如图 5-5 所示，验证 ChatGPT 对小红书的内容风格是否了解。

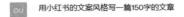

OU　用小红书的文案风格写一篇150字的文章

当生活忙碌，我们总是渴望一份宁静。于是，我来到了这个角落。微风拂面，温暖阳光洒在皮肤上。这一刻，它成了我的梦中桃花源。

把忙碌的城市生活抛在脑后，我终于可以尽情倾听大自然的声音，感受它的馈赠。这里的美，无需滤镜，只需用心去发现。从静谧的森林到波光粼粼的湖畔，每个角落都是一幅画，等待着被探索。

而在这片天地，我也学会了烹饪，与朋友分享美味，开启了一段美好时光。这不只是一个地方，更是一段生活，让我重新定义了"慢生活"。

图 5-5　输入相应的提示词后 ChatGPT 的回复

小红书，是我发现这一片净土的导航。它不仅是时尚灵感的源泉，也是生活美好的指南。在这里，我分享我的心情，也汲取了无穷的灵感。如果你也渴望这份宁静，就跟着小红书，一起寻找心之所向。愿你也能在这里找到自己的桃花源。

图 5-5　输入相应的提示词后 ChatGPT 的回复(续)

5.2.3　提出需求，矫正风格

对 ChatGPT 生成的文章进行矫正，让其更符合小红书的文案风格，如输入"需要有一个极具吸引力的标题，文案要用更活泼可爱的语气，并为每个段落都添加合适的 emoji，最后再添加 tag 标签"提示词，生成的回复如图 5-6 所示。

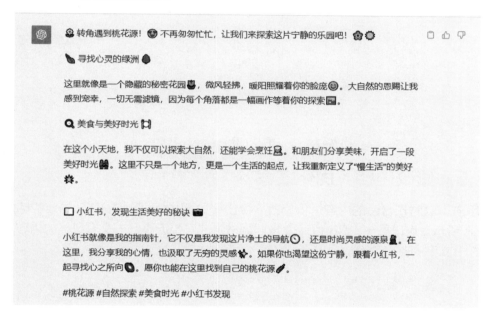

图 5-6　矫正文案风格后 ChatGPT 的回复

5.2.4　提出需求，生成文案

让 ChatGPT 生成正式的小红书文案，如输入"请以小红书的风格写一篇 200～300 字的文章，主题为：'本地人做好的成都旅游攻略'，内容包括：开篇介绍、推荐的成都打卡景点和推荐原因，结尾要与用户进行互动"提示词，生成的回复如图 5-7 所示。

> OU 请以小红书的风格写一篇200～300字的文章，主题为："本地人做好的成都旅游攻略"，内容包括：开篇介绍、推荐的成都打卡景点和推荐原因，结尾要与用户进行互动

> ✿ 成都旅游攻略：当地人的独家指南 🐼
>
> 嗨，亲爱的旅行达人！欢迎来到成都，这个充满魅力和美食的城市。我是土生土长的成都人，今天，我要和你分享成都的独家旅游攻略，带你畅游这座充满历史和现代魅力的城市。
>
> 🏯 探寻古城：宽窄巷子＆武侯祠 🏯
>
> 首先，不可错过的地方是宽窄巷子。这里有古典的巷弄风情，古色古香的建筑和悠闲的氛围，完美展现了成都的历史。而武侯祠则是中国著名的历史遗迹，致敬着三国时期的名将刘备。在这里，你可以感受到古代成都的文化和历史。
>
> 🐼 爱熊猫，来成都熊猫基地！📷
>
> 成都是熊猫的故乡，所以千万不要错过成都熊猫基地。你可以近距离欣赏可爱的熊猫，与它们亲密接触，还有机会拍下难忘的瞬间，一定要带好相机📷。
>
> 🍲 美食之旅：品尝川菜＆小吃 🍢
>
> 来成都，绝对不能错过川菜。麻辣火锅、宫保鸡丁和辣子鸡等经典川菜等待着你的味蕾挑战。此外，街头小吃也是不可错过的，从香辣兔头到酥皮肉夹馍，都是美食探索的好去处。
>
> 好啦，这就是成都旅游攻略的精华部分！如果你还有任何问题或需要更多建议，别犹豫，留下你的问题或评论。成都等着你的到来，一起探索这座充满魅力的城市吧！😊🐼 #成都旅游 #美食之都 #文化之城

图 5-7　ChatGPT 生成的小红书文案

5.2.5　修改内容，优化文案

　　用户可以对不合适的内容进行修改，提出修改要求后 ChatGPT 生成的回复如图 5-8 所示。可以看出，ChatGPT 按照要求生成了接近小红书文案风格的内容，增加小红书文案的参考价值。

> OU 美食之旅不能算景点，重新推荐一个打卡点

> ✿ 成都旅游攻略：当地人的独家指南 🐼
>
> 嗨，亲爱的旅行达人！欢迎来到成都，这个充满魅力和文化的城市。我是土生土长的成都人，今天，我要和你分享成都的独家旅游攻略，带你畅游这座充满历史和现代魅力的城市。
>
> 🏯 探寻古城：宽窄巷子＆武侯祠 🏯
>
> 首先，不可错过的地方是宽窄巷子。这里有古典的巷弄风情，古色古香的建筑和悠闲的氛围，完美展现了成都的历史。而武侯祠则是中国著名的历史遗迹，致敬着三国时期的名将刘备。在这里，你可以感受到古代成都的文化和历史。

图 5-8　提出修改要求后 ChatGPT 生成的回复

> 🐼 爱熊猫，来成都熊猫基地！ 📷

成都是熊猫的故乡，所以千万不要错过成都熊猫基地。你可以近距离欣赏可爱的熊猫，与它们亲密接触，还有机会拍下难忘的瞬间，一定要带好相机📷。

> 🏯 成都的古城墙：磨子桥古城墙 🧱

如果你想更深入地探索成都的历史，磨子桥古城墙是一个绝佳的选择。这段古老的城墙被保留下来，它将带你进入成都悠久的历史，呈现出一幅宏伟的城市全景，是摄影爱好者的绝佳拍摄点。

好啦，这就是成都旅游攻略的精华部分！如果你还有任何问题或需要更多建议，别犹豫，留下你的问题或评论。成都等着你的到来，一起探索这座充满魅力的城市吧！ 🚴🏽 #成都旅游 #历史与文化 #熊猫之乡

图 5-8　提出修改要求后 ChatGPT 生成的回复(续)

5.3　头条号文案

扫码看视频

头条号文案是发布于今日头条平台上的文字内容。今日头条是一家以提供新闻资讯为主的社交媒体平台。头条号文案的内容主要以新闻资讯为主，但其他符合《今日头条社区规范》，且有信息量、主题鲜明、逻辑严谨或图文并茂的内容也可以发布。

打造爆款的头条号文案有 3 个标准：一是原创性强，要求创作者尽可能地原创内容；二是内容优质，要求创作者发布的头条号文案符合内容标准，且能够给受众提供价值；三是垂直度高，要求创作者发布的内容专注于同一领域。本节将介绍运用 ChatGPT 生成头条号文案的具体操作步骤。

5.3.1　输入提示，设置背景

在引导 ChatGPT 生成头条号文案之前，要确保 ChatGPT 了解今日头条，详细的操作步骤如下。

在 ChatGPT 的输入框中输入对话前提，如输入"你了解今日头条吗"提示词，生成的回复如图 5-9 所示。

> OU　你了解今日头条吗

> 🟢　我了解今日头条，今日头条是一家总部位于中国的新闻聚合应用和社交媒体平台。它为用户提供了个性化的新闻、文章、视频和图片内容，以满足他们的兴趣和需求。今日头条使用算法和人工智能技术来推荐和呈现新闻和媒体内容，以适应每个用户的阅读偏好。
>
> 今日头条的用户可以在平台上浏览各种主题的内容，包括新闻、科技、娱乐、健康、体育等。用户还可以互动、评论和分享这些内容，从而形成一个社交媒体元素。今日头条的目标是为用户提供个性化的信息，同时也为内容创作者提供一个展示他们的作品的平台。

图 5-9　输入对话前提后 ChatGPT 的回复

5.3.2 提出需求，确认风格

在输入框中输入“用今日头条的文案风格写一篇 150 字的文章”提示词，生成的回复如图 5-10 所示，确保 ChatGPT 了解今日头条的内容风格。

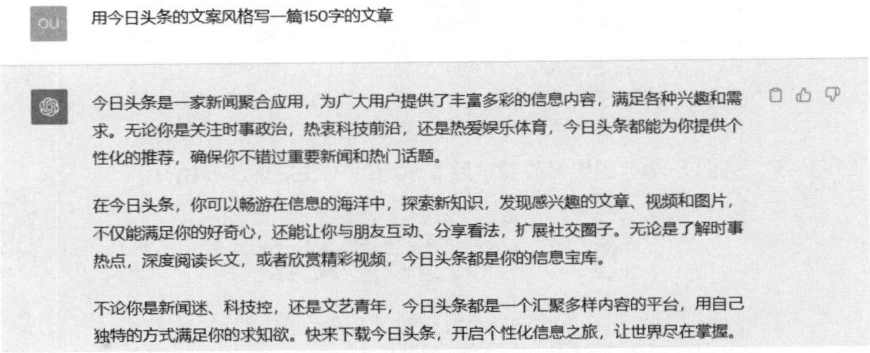

用今日头条的文案风格写一篇150字的文章

今日头条是一家新闻聚合应用，为广大用户提供了丰富多彩的信息内容，满足各种兴趣和需求。无论你是关注时事政治，热衷科技前沿，还是热爱娱乐体育，今日头条都能为你提供个性化的推荐，确保你不错过重要新闻和热门话题。

在今日头条，你可以畅游在信息的海洋中，探索新知识，发现感兴趣的文章、视频和图片，不仅能满足你的好奇心，还能让你与朋友互动、分享看法，扩展社交圈子。无论是了解时事热点，深度阅读长文，或者欣赏精彩视频，今日头条都是你的信息宝库。

不论你是新闻迷、科技控，还是文艺青年，今日头条都是一个汇聚多样内容的平台，用自己独特的方式满足你的求知欲。快来下载今日头条，开启个性化信息之旅，让世界尽在掌握。

图 5-10　输入风格需求提示词后 ChatGPT 的回复

5.3.3 提出需求，生成文案

让 ChatGPT 生成正式的今日头条文章，如输入“请以今日头条的文案风格写一篇 200～300 字的文章，主题为：‘视频剪辑干货分享’，内容包括：吸引人的标题和开头、剪辑技巧、结尾与受众互动”提示词，ChatGPT 会生成头条号文案，如图 5-11 所示。

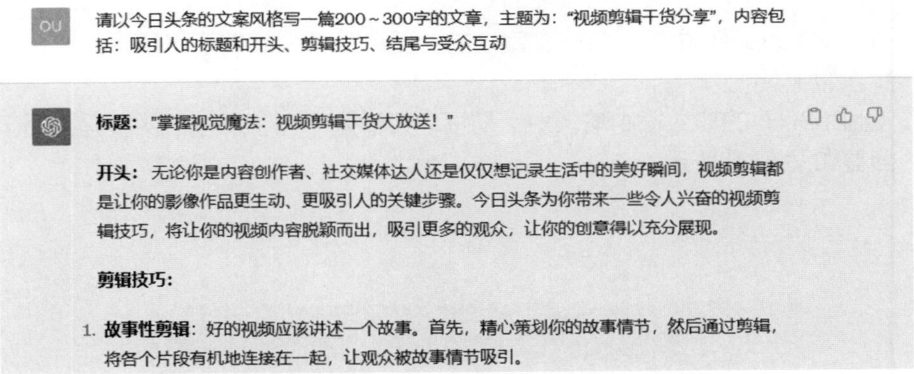

请以今日头条的文案风格写一篇200～300字的文章，主题为：“视频剪辑干货分享”，内容包括：吸引人的标题和开头、剪辑技巧、结尾与受众互动

标题："掌握视觉魔法：视频剪辑干货大放送！"

开头：无论你是内容创作者、社交媒体达人还是仅仅想记录生活中的美好瞬间，视频剪辑都是让你的影像作品更生动、更吸引人的关键步骤。今日头条为你带来一些令人兴奋的视频剪辑技巧，将让你的视频内容脱颖而出，吸引更多的观众，让你的创意得以充分展现。

剪辑技巧：

1. **故事性剪辑**：好的视频应该讲述一个故事。首先，精心策划你的故事情节，然后通过剪辑，将各个片段有机地连接在一起，让观众被故事情节吸引。

图 5-11　ChatGPT 生成的头条号文案

2. **音乐和声音**：音乐是情感的表达者，选择适合视频主题的音乐背景可以增强观众的情感共鸣。同时，确保音频清晰，避免噪音干扰。

3. **流畅的过渡**：使用过渡效果，如淡入淡出、切割过渡，使场景之间的切换更加平滑，避免画面抖动。

4. **颜色校正**：通过颜色校正来增强画面的质感和色彩，确保视频整体风格统一。

结尾与受众互动：

如今，视频已经成为了沟通和分享的有力工具。通过运用这些视频剪辑技巧，你可以让你的创作更具吸引力，为观众提供更好的观赏体验。不要忘记鼓励观众互动，让他们分享自己的看法、喜好和建议。在评论中分享你的经验，互相学习，一同进步。

探索视觉创意，让你的视频内容变得更有魔力！借助今日头条，你可以不断提升自己的视频剪辑技能，将你的创意和故事传播给更广泛的观众，创造属于自己的独特影像世界。立刻动手，释放你的创意吧！

图 5-11　ChatGPT 生成的头条号文案(续)

5.4　微 博 文 案

扫码看视频

微博文案是指发布于微博平台的文字内容。微博是一个用户实时分享信息、传播话题、讨论与交流的社交媒体，能够满足用户关注实时资讯、即时分享、交友互动的需求。本节将介绍运用 ChatGPT 生成微博文案的具体操作步骤。

5.4.1　输入提示，确认风格

在 ChatGPT 的输入框中输入对话前提，如输入"微博文案有哪些类型"提示词，生成的回复如图 5-12 所示，确保 ChatGPT 了解微博的文案风格。

> OU　微博文案有哪些类型
>
> 微博文案是一种在中国社交媒体平台微博上使用的文本形式，通常用于传达信息、表达观点、分享生活和吸引关注者。微博文案有多种类型，以下是一些常见的微博文案类型：
>
> 1. 情感表达：这些文案通常用于分享个人情感、心情和情感故事。它们可以是快乐、伤感、愤怒或感慨等各种情感的表达。
> 2. 每日分享：这些文案包括每日生活中的点滴，例如美食、旅行、锻炼、购物、阅读等方面的日常经历。
> 3. 报告进展：个人和机构通常使用微博来分享项目、工作或生活中的进展和成就。这些文案通常涉及到目标的达成、新项目的启动及其他成功故事。
> 4. 话题讨论：微博上的热门话题和事件经常成为广大用户讨论的焦点。用户可以发表关于这些话题的见解和看法。
> 5. 知识分享：用户可以使用微博分享新闻、知识、技巧和经验，从而教育和启发其他人。

图 5-12　输入对话前提后 ChatGPT 的回答

6. 产品推广：企业和个人常常在微博上推广他们的产品和服务。这些文案通常包括产品介绍、特价促销和购买链接。

7. 笑话和幽默：有趣的笑话、幽默图片和段子也是微博上常见的内容，用于逗乐和娱乐粉丝。

8. 时事评论：用户可以分享对政治、社会、文化和娱乐等领域的事件和新闻的看法和评论。

9. 引用和格言：一些用户喜欢分享名言警句、诗句和哲理，以启发和感染其他人。

10. 情侣文案：情侣之间经常在微博上分享恩爱和浪漫的瞬间，包括甜言蜜语、合照和回忆。

这些只是微博文案的一些类型，实际上，微博是一个多样化的平台，用户可以根据他们的兴趣和需求创造各种各样的文案内容。无论采用何种类型，吸引读者并与他们互动是微博文案的关键目标。

图 5-12　输入对话前提后 ChatGPT 的回答(续)

5.4.2　提出需求，生成文案

让 ChatGPT 生成正式的微博文案，如输入"提供 5 个产品推广文案，用来推销鼠标"提示词，生成的回复如图 5-13 所示。

提供5个产品推广文案，用来推销鼠标

当推销鼠标产品时，可以采用各种不同风格的文案，以吸引潜在客户。以下是5个不同类型的鼠标产品推广文案：

1. 创意型文案：
"改变你的工作体验，体验前所未有的创意自由！我们的新一代鼠标设计，助力你打破创作壁垒。从此创意无极限！#创意鼠标#"

2. 性能型文案：
"为了高效办公而生！我们的鼠标采用最先进的技术，带来无与伦比的精准性能。不再有拖延，只有高速工作。#高性能鼠标#"

3. 时尚型文案：
"与时尚同行，展现你的个性。我们的时尚鼠标系列，配有多彩外观和炫酷灯效，让你的工作台变成时尚秀场。#时尚鼠标#"

4. 轻便便携型文案：
"随时随地，无需牵绊。我们的超轻鼠标，让你在旅途中轻松携带。小巧便捷，高效办公。#轻便鼠标#"

5. 游戏型文案：
"在游戏世界中掌握控制权！我们的游戏鼠标专为游戏爱好者打造，响应迅速，精准操作。成为游戏胜者！#游戏鼠标#"

这些文案可根据鼠标产品的特点和目标受众进行进一步定制。无论采用哪种文案风格，都要确保文案吸引人，突出产品的独特卖点，并鼓励用户互动或购买。

图 5-13　ChatGPT 生成正式的微博文案

第6章

制作短视频文案

学前提示

　　短视频文案是指在短视频平台上发布的视频描述或文字说明。短视频文案分为短视频标题文案和分镜头脚本文案两大类，通常具有简洁、有趣、引人入胜等写作特点。本章将介绍运用 ChatGPT 生成短视频文案的操作方法。

要点提示

▶　短视频标题文案

▶　分镜头脚本文案

▶　情感共鸣类视频文案

▶　互动体验类视频文案

▶　影视解说类视频文案

扫码看视频

6.1　短视频标题文案

短视频标题文案是对短视频主体内容的概括，能够起到突出视频主题、吸引受众观看视频的作用。短视频标题文案通常会与 tag 标签①一起在短视频平台中呈现。

因此，用户在运用 ChatGPT 生成短视频标题文案时，需要在提示词中提到连同 tag 标签一起生成。本节将介绍运用 ChatGPT 生成短视频标题文案的具体操作方法。

6.1.1　输入提示，提供参考

运用 ChatGPT 生成短视频标题文案，首先需要提出自己的要求，然后让 ChatGPT 按照要求提供文案，详细的操作步骤如下。

直接在 ChatGPT 的输入框中输入需求，如输入"提供主题为摄影技巧分享的短视频标题文案，并添加 tag 标签"提示词，生成的回复如图 6-1 所示。可以看出，ChatGPT 按照要求提供了中规中矩的文案。

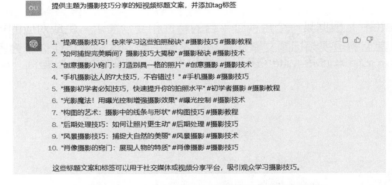

图 6-1　ChatGPT 生成的短视频标题文案

6.1.2　提出需求，修改文案

ChatGPT 按照要求提供了文案之后，为了让 ChatGPT 生成更精准的回答，我们可以对其提出修改要求，详细的操作步骤如下。

对 ChatGPT 生成的标题文案提出修改要求，在输入框中输入"短视频标题文案的要求：1. 突出受众痛点和自身优势；2. 能够快速吸引人的眼球，并使受众产生观

---

① Tag 标签通常是指用于对信息或内容进行分类、标记或描述的关键词或短语。

看视频内容的兴趣。根据要求重新提供标题文案"提示词，生成的回复如图 6-2 所示。

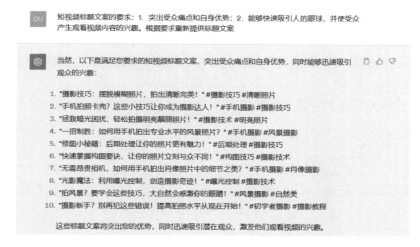

图 6-2 ChatGPT 生成修改后的短视频标题文案

6.1.3 确定方向，优化文案

让 ChatGPT 根据某一个短视频平台的特性和受众需求，生成对应的标题文案，如输入"抖音上的短视频标题文案通常是'不会拍照？这些技巧让你成为摄影达人''如何用手机拍出专业的大片'等语言风格。请按照抖音上的文案写法，重新提供标题文案"提示词，使 ChatGPT 的答案更加优化，ChatGPT 生成的回复如图 6-3 所示。

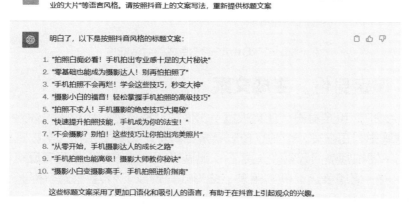

图 6-3 ChatGPT 生成更加优化的短视频标题文案

6.2 分镜头脚本文案

分镜头脚本文案是用来描述短视频中每一个镜头的内容和细节的文稿。它通常包含标题、场景描述、景别、运镜、台词或对白、道具、节奏和节拍等要素，用户在撰写分镜头脚本文案时可以根据具体的需求来安排这些要素。本节将介绍运用ChatGPT 生成分镜头脚本文案的具体方法。

6.2.1 输入提示，设置背景

在 ChatGPT 的输入框中输入对话前提，如输入"什么是分镜头脚本文案"提示词，生成的回复如图 6-4 所示，确认 ChatGPT 是否了解分镜头脚本文案。

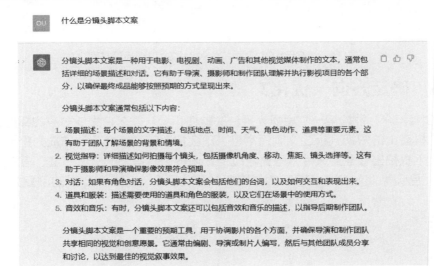

图 6-4 ChatGPT 生成的对话前提

6.2.2 设定身份，生成文案

为 ChatGPT 设定身份，让其根据身份属性完成任务，如输入"你是一名专业的搞笑类短剧博主，正在写一个关于校园趣事的脚本，场景发生在大学教室里面，脚本中需包括当下短视频热门元素，开篇 5 s 迅速吸引人的眼球，中间有反转，结尾有惊喜，文案侧重于情绪表达。脚本用表格的形式呈现以下内容：分镜序号、景别(中近远特写等镜头)、画面描述、对话台词及动作(包括人物对话时的动作、语言、神态等，越详细越好)、背景音乐(给出具体的歌曲名称)"提示词，生成的分镜头脚本文案如图 6-5 所示。

 你是一名专业的搞笑类短剧博主，正在写一个关于校园趣事的脚本，场景发生在大学教室里面，脚本中需包括当下短视频热门元素，开篇5s迅速吸引人的眼球，中间有反转，结尾有惊喜，文案侧重于情绪表达。脚本用表格的形式呈现以下内容：分镜序号、景别（中近远特写等镜头）、画面描述、对话台词及动作（包括人物对话时的动作、语言、神态等，越详细越好）、背景音乐（给出具体的歌曲名称）

当然，以下是一个以表格形式呈现的校园趣事短剧脚本示例，其中包括了吸引人的开篇、中间反转和结尾惊喜，以及一些当下热门元素。请注意，你可以根据自己的需要进行修改和扩展。

分镜序号	景别	画面描述	对话台词及动作	背景音乐
1	近景	主角小明坐在教室前排，正在专心听课。	无	背景音乐淡入
2	中景	摄影师移动到小明身后，展示教室背景。	无	背景音乐持续
3	特写	小明微微皱眉，开始变得不耐烦。	无	背景音乐持续
4	特写	主角抬起手机，开始录制短视频。	无	背景音乐持续
5	特写	主角用手挡住教室后面的黑板，然后……	主角（小明）：我来告诉你们一个……	热门歌曲开场
6	特写	……悄悄将自己的头放在挡板上，仿佛头……	无	热门歌曲持续
7	特写	……突然变成了黑板上的一幅画。	无	热门歌曲持续
8	特写	教室里的同学们纷纷哭笑不得。	同学1：这是什么鬼？	热门歌曲持续
9	特写	主角突然站起来，面对同学们。	主角（小明）：这个才是真正的课堂艺术！	热门歌曲高潮
10	特写	同学们开始鼓掌和欢呼。	同学2：小明，太牛了！	热门歌曲持续
11	特写	主角回头，微笑着对摄影师点头。	无	热门歌曲渐弱
12	近景	教室内的氛围变得欢快。	无	背景音乐渐弱
13	远景	教室门口的教授走进来，一脸错愕。	教授：这是什么情况？	无
14	特写	主角突然拿出一束鲜花，送给教授。	主角（小明）：教授，谢谢您一直的支持！	无
15	中景	教授微笑着接受鲜花，同学们欢呼。	无	背景音乐高潮

这个脚本结合了吸引人的开篇，中间的意外情节和结尾的惊喜，同时包含了主角和其他角色的情感表达。背景音乐可以是当下热门的歌曲，以增强情感和氛围。请注意，你可以根据自己的创意和喜好进行修改和扩展，以使脚本更符合你的需求和风格。

图 6-5　ChatGPT 生成的分镜头脚本文案

可以看出，ChatGPT 生成的分镜头脚本文案要素都很齐全，也满足了我们提出的各项要求，但是对于短视频整体内容的意蕴和深度把握得还不够，且对短视频热门元素了解不多，因此这个分镜头脚本文案仅起到一定的参考作用，具体的运用还需结合用户的实战经验和短视频文案的类型。

短视频文案因其表达内容和写作手法的不同，表现为不同的类型：情感共鸣类视频文案、互动体验类视频文案和影视解说类视频文案等。用户在运用 ChatGPT 生成短视频文案时，可以结合其类型来撰写。

6.3　情感共鸣类视频文案

扫码看视频

情感共鸣类视频文案是指描述情感类视频内容，且能够引起受众共鸣的文字。通常情况下，情感共鸣类视频会以图文的形式来呈现，因此其文案的重点在于标题文案，打造有吸引力、能引起人共鸣的标题文案是情感共鸣类视频文案的关键。本节将介绍运用 ChatGPT 生成情感共鸣类视频文案的操作方法。

6.3.1　根据概念，提出需求

在 ChatGPT 的输入框中输入对话前提，如输入"情感共鸣类视频文案主要是指描述情感类视频内容的文字，旨在引起受众共鸣。提供 3 个情感共鸣类视频文案示例"提示词，ChatGPT 生成的回复如图 6-6 所示，确认 ChatGPT 是否了解情感共鸣类视频文案。

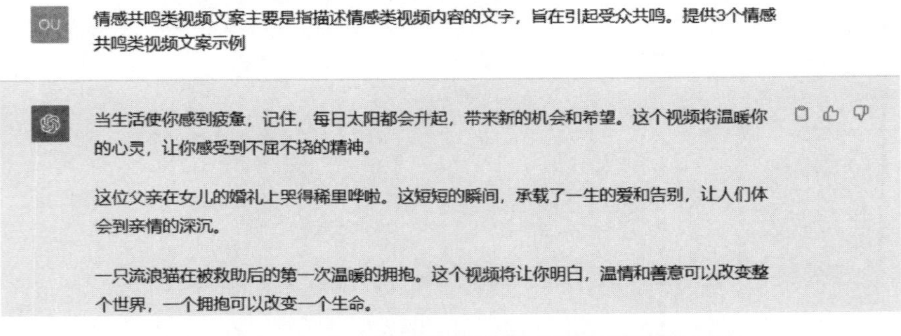

情感共鸣类视频文案主要是指描述情感类视频内容的文字，旨在引起受众共鸣。提供3个情感共鸣类视频文案示例

当生活使你感到疲惫，记住，每日太阳都会升起，带来新的机会和希望。这个视频将温暖你的心灵，让你感受到不屈不挠的精神。

这位父亲在女儿的婚礼上哭得稀里哗啦。这短短的瞬间，承载了一生的爱和告别，让人们体会到亲情的深沉。

一只流浪猫在被救助后的第一次温暖的拥抱。这个视频将让你明白，温情和善意可以改变整个世界，一个拥抱可以改变一个生命。

图 6-6　ChatGPT 生成的情感共鸣类视频文案示例

6.3.2　提出需求，矫正风格

矫正 ChatGPT 的语言风格，如输入"使用更温馨、给人治愈感的语气，字数控制在 10～20 字以内，再添加 tag 标签"提示词，生成的回复如图 6-7 所示，

ChatGPT 会生成更有参考价值的文案。

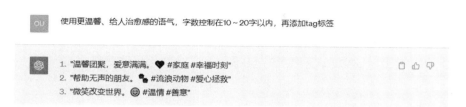

图6-7　ChatGPT 生成优化后的情感共鸣类视频文案

6.3.3　根据风格，生成文案

让 ChatGPT 生成正式的情感共鸣类视频文案，如输入"用上述文案风格，提供主题为保护环境的鼓舞类文案，要积极向上、振奋人心的"提示词，生成的回复如图 6-8 所示。

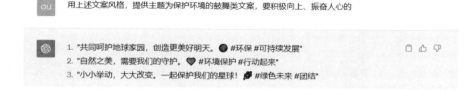

图6-8　ChatGPT 生成正式的情感共鸣类视频文案

6.4　互动体验类视频文案

扫码看视频

互动体验类视频文案是指在视频中用于描述、引导和激发受众参与互动的文字内容。其最主要的目的是吸引受众的注意力，并引导受众积极参与视频中的活动。互动体验类视频文案通常包含以下要素。

（1）引起兴趣：开头设置兴趣点，吸引受众的关注。

（2）说明互动元素：清楚地介绍视频中的互动元素。

（3）强调参与的价值：应强调参与互动的好处和价值。

（4）提供清晰的指导：提供给受众参与互动的指导。

（5）制造紧迫感：用紧迫感的词汇鼓励受众立即参与。

（6）结尾引导：结尾用鼓励的话语来引导观众参与互动。

运用 ChatGPT 生成互动体验类视频文案，需要输入具体的需求和恰当的提示词进行引导。本节将介绍运用 ChatGPT 生成互动体验类视频文案的操作方法。

6.4.1　输入提示，设置背景

在 ChatGPT 的输入框中输入对话前提，如输入"举 3 个互动体验类视频文案的例子"提示词，生成的回复如图 6-9 所示，确认 ChatGPT 是否了解互动体验类视频文案。可以看出，ChatGPT 给出了能够引导受众参与互动的文案。

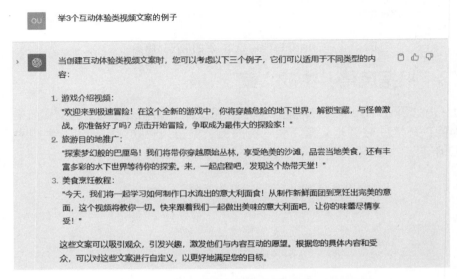

图 6-9　ChatGPT 生成的互动体验类视频文案示例

6.4.2　提出需求，生成文案

在 ChatGPT 的输入框中输入具体需求，如输入"用互动体验类视频文案的写法为主题，宣传新开业的游乐园，提供一篇完整的视频文案，字数在 200～400 字"提示词，生成的回复如图 6-10 所示。

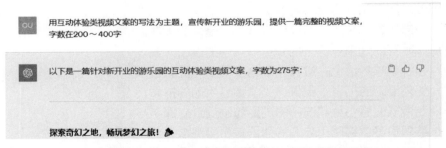

图 6-10　ChatGPT 生成正式的互动体验类视频文案

欢迎来到"童心乐园"，全新开业的乐园，即将为您带来一场奇妙冒险！ ✹

🦋 准备好了吗？跟着我们开始这次梦幻之旅！ 🍃

🏰 第一站：神奇之城 🏰
在这里，您将被带入一个魔法世界，漫步在令人惊叹的城市街道，尽情欣赏令人叹为观止的街头表演，同时也有机会品尝各种美味小吃。记住，不要错过那个不可思议的魔术秀！ 🎩

🏯 第二站：冒险王国 🏯
拥有坚实的胆量吗？在这里，您可以探索神秘的古堡，挑战刺激的过山车，还有与魔幻生物亲密接触的机会！ 🐉

🌍 第三站：星际之旅
现在，我们将带您带到太空的无限广袤中。在这个区域，您可以搭乘模拟飞行器，深入探索宇宙的奥秘。快来感受星际飞行的刺激吧！ 🚀

😄 最后，不可错过：童心竞技场 😄
这里是一场竞技与欢笑的盛宴！加入我们的小丑团队，与朋友们一同参与各种趣味比赛，争夺荣誉和奖品。谁将是童心乐园的明星呢？ 🏆

童心乐园，将您的梦想变为现实。不要错过这场梦幻之旅！

📅 我们期待您的到来，开业日期：2023年11月1日。

准备好感受无限的欢乐和奇幻冒险吗？带着家人和朋友一起，加入我们，创造美好回忆！ 🎉

#童心乐园 #新开业 #奇幻之旅

图 6-10　ChatGPT 生成正式的互动体验类视频文案(续)

用户在获得 ChatGPT 给出的文案之后，还可以对文案的语言风格、内容结构等进行优化调整，同样可以引导 ChatGPT 生成与视频主题相契合的脚本文案，只需输入相应的提示词即可。

6.5　影视解说类视频文案

扫码看视频

影视解说类视频文案是指对简要介绍电影、电视剧情节的视频内容进行描述的文字。这类文案一般用语幽默、简洁，具有概括性，能够高度概括剧集内容，并以最短时间和最快速度传达给受众。本节将介绍运用 ChatGPT 生成影视解说类视频文案的操作方法。

6.5.1　输入提示，设置背景

在 ChatGPT 的输入框中输入对话前提，如输入"什么是影视解说类视频文案"提示词，生成的回复如图 6-11 所示，确认 ChatGPT 了解影视解说类视频文案。

什么是影视解说类视频文案

影视解说类视频文案是指用文字和语言描述、介绍、分析或评论影视作品的内容，通常用于配合影视作品的播放或发布，帮助观众更好地理解和欣赏作品。这种类型的文案可以包括以下内容：

1. 剧情介绍：描述影视作品的故事情节、主要角色和发展方向，以吸引观众对影片的兴趣。
2. 角色分析：分析影视作品中的主要角色，包括他们的性格、动机和发展变化，以便观众更深入地了解角色的内在世界。
3. 情感描写：描述影片中的情感场景、亮点和感人之处，以引发观众的情感共鸣。
4. 拍摄与导演技巧：分析影片的拍摄技术、导演手法和视觉效果，以帮助观众了解电影的制作过程。
5. 主题和信息：探讨影片中的主题、隐喻或隐含的信息，以引导观众思考和讨论影片的深层含义。

这种类型的文案通常用于电影、电视剧、纪录片、短视频或网络视频的推广、评论或解说。它有助于观众更好地理解影视作品，增加他们的观影体验，同时也可以用于营销和宣传影视作品。

图 6-11　ChatGPT 生成影视解说类视频文案的释义

6.5.2　提出需求，生成文案

让 ChatGPT 生成正式的影视解说类视频文案，在输入框中输入"提供影视解说类视频文案，主题为简要概括《罗马假日》的情节，要用幽默、吸引人的语言来概括，字数在 200 字以内"提示词，生成的回复如图 6-12 所示。

📽 探险开始！在《罗马假日》中，你将和玛琳·梦露一同踏上一场令人难以置信的罗马之旅。玛琳饰演的安妮公主逃脱皇宫束缚，偷偷来到罗马。恰巧遇到报社记者乔，由此展开了一段风趣而浪漫的冒险。安妮公主与乔在古老的罗马街头漫步，经历了一系列欢笑、误会和心动。随着笑声和感动的交织，这趟罗马假日成为了一段无法忘怀的奇妙经历。从雪茄店到罗马竞技场，他们的故事穿越历史，留下无数令人陶醉的瞬间。这是一场不羁的冒险，一场属于爱情的盛宴，一场细腻且不可思议的罗马史。放松，笑一笑，与他们一同畅游罗马，你将发现，假日有多么美好！✨ #罗马假日 #浪漫冒险

图 6-12　ChatGPT 生成正式的影视解说类视频文案

第 7 章

制作艺术类文案

学前提示

　　艺术类文案是指包括诗歌、剧本、故事、散文等具有语言美感的文本。写作这类文本，通常需要人具备语言组织能力、创新思维能力、逻辑思维能力和想象力，但 AI 通过大量的数据学习之后，也能够进行艺术类文案的写作。本章将介绍引导 AI 写作艺术类文案的方法。

要点提示

▶　诗歌

▶　剧本

▶　故事

▶　散文

7.1 诗　　歌

诗歌是一种意蕴丰富、情感浓厚的文本，通常带有诗人独特的叙事方式与思维模式。ChatGPT 在学习了大量的诗歌数据之后，也能够通过数据排序的方式创作诗歌，只需用户给予适当的提示词即可。本节为大家介绍让 ChatGPT 创作诗歌的具体操作步骤。

7.1.1 引入诗歌，设置背景

在 ChatGPT 的输入框中输入提示词，如"你认识戴望舒吗？你读过戴望舒的诗吗？请你总结一下他的诗歌特点"，确认 ChatGPT 了解诗歌的写法，按 Enter 键确认，ChatGPT 会给出对话相应的回复，如图 7-1 所示。

> OU　你认识戴望舒吗？你读过戴望舒的诗吗？请你总结一下他的诗歌特点
>
> 我很了解戴望舒（Dai Wangshu），他是中国现代文学史上的重要诗人之一，生于1905年，卒于1950年。他的诗歌作品具有独特的特点，以下是一些主要的特点：
>
> 1. 抒情主题：戴望舒的诗歌常常表现出强烈的抒情情感。他写作的主题包括爱情、人生、自然和社会等，通过抒发情感来触动读者。
> 2. 自然与田园情怀：他的诗中经常出现自然景色和田园风光，表现出对自然的热爱与向往。这种田园情怀在他的诗中有着重要的地位。
> 3. 新月派诗人：戴望舒是新月派诗人中的代表之一。新月派强调抒发情感和审美追求，注重诗歌的音乐性和节奏感，以及形象的鲜明和精炼。
> 4. 清新的语言：他的诗歌语言简练、清新，常常使用现代白话表达，使他的诗歌更加通俗易懂，贴近人心。
> 5. 文学影响力：戴望舒的诗歌作品影响了许多后来的诗人，特别是在20世纪初期的中国文学中，他的诗歌被认为是文学现代化的标志之一。
>
> 总之，戴望舒的诗歌具有强烈的抒情情感、田园情怀、清新的语言和音乐性，他是中国现代文学史上不可或缺的重要诗人之一。

图 7-1　ChatGPT 给出对话背景的回复

7.1.2 输入提示，提出需求

在同一个输入框中继续输入提示词，如"请你模仿戴望舒的写作风格，围绕'断桥''做梦''分别''雨伞'创作一首现代诗歌"，按 Enter 键确认，ChatGPT 会生成现代诗歌，如图 7-2 所示。

图 7-2　ChatGPT 生成的现代诗歌

7.1.3　提出需求，优化诗歌

在同一个输入框中继续输入提示词，如"请融入借景抒情手法修改这首诗歌，使其更有意境和美感，并对修改进行解释"，按 Enter 键确认，ChatGPT 会生成优化后的诗歌，如图 7-3 所示。

梦断断桥寂，雨伞舞别离。
远山如墨烟，岁月婉若丝。
沉梦的桥悄然，石拱低吟泪滴。
离别的歌声细如风，缠绵间湿润枕席。

断桥上，雨伞下，
静倚梦境之阑珊。
梦中你微笑如花开，
雨伞底，思绪漫漫间。

伞开伞落梦仍醒，断桥留痕在云端。
别离情绵绵如云，夜雨轻抚心扉。
梦幻的桥如画卷，心绪似吟唱。
别离如水，如梦境，断桥雨伞舞静享。

解释：

通过借景抒情手法，我在诗中描绘了远山如墨烟、岁月婉若丝等意境，将梦幻的场景更加丰富和深刻。在"石拱低吟泪滴"一句中，通过把桥与泪滴相联系，表达了离别之情的深沉和悲凉。同时，在"梦中你微笑如花开"中，用花开的形象描绘梦中的人物微笑，增强了诗歌的浪漫和美感。整体使得诗歌更富有意境，读者更容易沉浸其中。

图 7-3　ChatGPT 生成的优化后的诗歌

7.2　剧　　本

扫码看视频

剧本是一种独特文本，可以通过舞台、电视荧幕、电影等形式呈现出具体的画面。相对于小说，剧本能够可视化，因此成为人们闲暇时的娱乐方式之一。用户运用 AI，可以找到一些撰写剧本的灵感。本节将介绍运用 ChatGPT 撰写剧本的操作步骤。

7.2.1 设置背景，确定方向

在 ChatGPT 的输入框中输入提示词，如"如果创作一个吸引年轻观众的剧本，可以进行哪些选题？"，让 ChatGPT 提供一些创作剧本的建议，按 Enter 键确认，ChatGPT 会给出创作剧本的方向，如图 7-4 所示。

OU　　如果创作一个吸引年轻观众的剧本，可以进行哪些选题？

创作一个吸引年轻观众的剧本需要选择与他们的兴趣和体验相关的主题和情节。以下是一些可以考虑的选题和元素：

1. 青春成长：探讨年轻人在成长过程中面临的挑战、冲突和成就感，如友情、爱情、家庭关系、自我认同、学业压力等。
2. 科技和社交媒体：将现代科技和社交媒体纳入剧情，探讨其对年轻人生活、人际关系和身份的影响，以及与之相关的隐私、虚假信息等问题。
3. 冒险和奇幻：创造一个充满冒险、魔法或未知世界的故事，吸引年轻观众的好奇心和想象力。
4. 爱情与浪漫：以浪漫情感为主题，讲述年轻人的恋爱故事，可以是甜蜜的爱情或者复杂的关系。
5. 科幻与超自然：创作一个充满科幻或超自然元素的剧本，如时间旅行、异能力、外星生物等，吸引年轻人对未知的好奇。
6. 社会问题和活动主题：探讨当前社会问题，如环境保护、社会不平等、种族关系、性别认同等，引发年轻观众的社会参与和反思。
7. 音乐和艺术：将音乐、舞蹈或艺术融入剧情，通过音乐会、绘画比赛等元素吸引年轻观众。
8. 幽默和喜剧：轻松幽默的剧本能够让年轻观众快乐，探讨生活中的笑点和滑稽情节。
9. 同龄人关系：探讨友谊、竞争和团队合作等同龄人之间的关系，可以是校园生活、工作场所或其他背景。
10. 全球背景：将剧情设定在不同的国家或文化，让观众了解多元化和跨文化经验。

在选择剧本主题时，要考虑目标观众的年龄段和兴趣，以确保故事能够吸引他们并与他们的生活经验产生共鸣。此外，深刻的角色发展、有趣的情节和引人入胜的对话也是吸引年轻观众的关键因素。

图 7-4　ChatGPT 给出创作剧本的方向

7.2.2 提供剧本简介示例

选择其中一个选题，让 ChatGPT 提供剧本简介示例。在同一个输入框中继续输入提示词，如"请根据青春成长这个选题，提供几个剧本简介示例"，按 Enter 键确认，ChatGPT 会生成剧本简介示例，如图 7-5 所示。

OU　请根据青春成长这个选题，提供几个剧本简介示例

以下是几个基于青春成长主题的剧本简介示例：

1. 剧本名称：《成长的旅程》
   简介：故事讲述了一群中学生在他们最后一年的冒险、友情和自我认知之旅。他们决定完成一份成长清单，包括挑战自己的恐惧、探索未知、处理家庭问题，最终找到自己的真正激情和目标。这个剧本强调了成长的道路上所经历的困难和胜利，以及友情的重要性。

2. 剧本名称：《青春的告别》
   简介：在一个小镇上，一群青少年面临着高中毕业后的不确定性。他们的友情、家庭关系和爱情受到考验，每个角色都必须找到自己的未来方向。这个故事探讨了离别和新开始，以及在成长过程中如何保持联系和忠诚。

3. 剧本名称：《探索未知的夏天》
   简介：一个群体的朋友们在一个夏天一起决定离开他们熟悉的城市，去探索未知的地方。他们的冒险涉及旅行、野外露营、新交朋友，以及面对挑战和危险。这个剧本强调了探索和接受新经验如何塑造年轻人的成长和自我认知。

4. 剧本名称：《寻找身份》
   简介：主人公是一名高中生，一直感到自己不被理解和接受。她开始研究她的家族历史，以了解自己的文化和身份，同时也发展了一段特别的友情。这个剧本强调了自我认知和文化身份的重要性，以及在青少年生活中面对的挑战。

5. 剧本名称：《校园秘密》
   简介：在一个看似平静的高中校园里，一群学生发现了一个神秘的事件。他们决定一起调查，逐渐解开了一连串的谜团。这个剧本探讨了勇敢面对挑战、团队合作和友情的力量，以及成长过程中的发现。

这些剧本示例都侧重于青春期的成长过程，包括友情、家庭、自我认知和冒险。创作一个吸引年轻观众的故事时，关键是使角色有深度、情节引人入胜，同时强调年轻人面对的现实问题和情感体验。

图 7-5　ChatGPT 生成的剧本简介示例

7.2.3　输入提示，生成大纲

在同一个输入框中继续输入提示词，如"请生成第一个剧本的大纲"，按 Enter 键确认，ChatGPT 会按照提示词生成剧本的大纲，如图 7-6 所示。

OU　请生成第一个剧本的大纲

下面是《成长的旅程》的大纲：

剧本名称：《成长的旅程》

大纲：

第一幕：清单的启动

图 7-6　ChatGPT 生成剧本的大纲

1. 故事发生在一所中学，几个高中生正准备毕业。主要角色包括艾莉、本、莎拉和大卫，他们是密友。
2. 这一天，他们决定创建一个"成长清单"，列出他们高中生涯结束前想要实现的事情。清单包括各种挑战，如尝试新的爱好、面对害怕的事情、解决家庭问题等。
3. 主要角色面临着各自的挑战。艾莉想要克服她的社交恐惧，本想要主动亲近家人，莎拉要重新寻找失散的父母，而大卫面临一场重要的体育比赛。

第二幕：挑战与成长

1. 主要角色开始着手完成清单上的任务，每个人都面临着各自的挑战。他们互相鼓励，帮助对方克服障碍。
2. 艾莉参加了一次话剧表演，克服了她的社交恐惧。本通过参与志愿活动重新建立了与家人的联系。莎拉在寻找父母时发现了新线索，而大卫在比赛中发挥出色。
3. 这一过程中，他们发现了自己的潜力和坚韧，以及友情的力量。

第三幕：新的开始

1. 故事进展到高中毕业典礼，主要角色们已经完成了清单上的任务。他们感到更加自信和成熟。
2. 艾莉决定继续表演艺术，本与家人的关系变得更加亲近，莎拉找到了失散多年的父母，大卫获得了一项体育奖学金。
3. 尽管面临分别，他们知道这是新的开始，他们将继续互相支持和保持联系。

第四幕：未来的旅程

1. 故事以主要角色们分别去不同的学校或展开不同的事业开始。他们面对新的机会和挑战。
2. 艾莉在表演艺术学院探索自己的天赋，本与家人建立更加牢固的联系，莎拉与她的父母一起重建家庭，大卫在大学里取得了体育成功。
3. 虽然他们身处不同的地方，但他们继续在成长的旅程中互相支持，保持联系，并为未来的冒险做好准备。

这个剧本强调了青少年面临的成长挑战，以及友情和坚韧的力量。它也强调了个人成长和自我发现的过程，以及告别是新开始的一部分。

图 7-6　ChatGPT 生成剧本的大纲(续)

7.2.4　输入提示，生成内容

在同一个输入框中继续输入提示词，如"请按照大纲，写出剧本的第一幕"，按Enter 键确认，ChatGPT 会按照提示词生成剧本的第一幕内容，如图 7-7 所示。

 请按照大纲，写出剧本的第一幕

 第一幕：清单的启动

[舞台布景：一所中学的教室。教室里有一块黑板，上面写着"毕业清单"。四位主要角色，艾莉、本、莎拉和大卫，坐在课桌周围，他们在讨论清单上的事项。]

艾莉 (拿着一支粉笔，站在黑板前)：好，我们决定要让我们的最后一年变得难以忘怀，对吧？我们要创建一个成长清单，列出我们在高中结束前想要完成的事情。

图 7-7　ChatGPT 生成剧本的第一幕内容

本（兴奋地）：对，这听起来很酷！我们可以挑战自己，成为更好的人。

莎拉（微笑着）：我赞成这个想法。我们可以一起度过一个难以忘怀的夏天，然后在高中毕业前完成清单上的任务。

大卫（热情洋溢）：我赞成！我们来看看清单上都有些什么。

[艾莉开始写在黑板上，其他人开始讨论清单的内容。]

艾莉：好，首先，我们可以尝试新的爱好，每个人都选择一个。比如，我可以尝试话剧表演，这可以帮助我克服我的社交恐惧。

本：我决定要主动亲近家人，特别是我的姐姐。我们已经很久没有好好交流了。

莎拉：我要重新寻找失散的父母，找出他们失散的原因。这是一项重要任务。

大卫：我有一场重要的体育比赛要参加，我要全力以赴，争取胜利。

[四位主要角色开始感到兴奋，他们开始制订计划，准备开始他们的成长清单。]

艾莉：好，我们有了计划，现在让我们开始吧！我们将度过一个充实的最后一年，完成这个成长清单。

[第一幕结束，舞台背景慢慢暗下来，为第二幕做准备。]

图 7-7　ChatGPT 生成剧本的第一幕内容（续）

7.2.5　提出需求，优化剧本

在同一个输入框中继续输入提示词，如"请优化第一幕内容，多一些对人物外貌和周边环境的描述，给观众留下印象"，按 Enter 键确认，ChatGPT 会按照提示词优化剧本的第一幕内容，如图 7-8 所示。

请优化第一幕内容，多一些对人物外貌和周边环境的描述，给观众留下印象

第一幕：清单的启动

[舞台布景：一所中学的教室，墙壁上挂满了学生的创意画作。教室的中央有一块黑板，上面写着"毕业清单"。四位主要角色，艾莉、本、莎拉和大卫，坐在课桌周围。他们的外貌和服装反映了各自的个性。]

艾莉（拿着一支粉笔，站在黑板前）：艾莉，留着短发，戴着厚重的眼镜，她的衣着简单但充满艺术氛围。：好，我们决定要让我们的最后一年变得难以忘怀，对吧？我们要创建一个成长清单，列出我们在高中结束前想要完成的事情。

本（穿着一身轻松的运动装，时不时摆弄着一个篮球）：本，高个子的篮球运动员，看起来活力四溢，他的笑容容易感染他人。：对，这听起来很酷！我们可以挑战自己，成为更好的人。

图 7-8　ChatGPT 优化剧本的第一幕内容

莎拉（戴着一项鲜艳的帽子，身着多彩的衣服，眼睛中充满了乐观的光芒）：莎拉，时尚潮流的代表，她总是能为朋友们带来快乐，她的言辞充满活力。：我赞成这个想法。我们可以一起度过一个难以忘怀的夏天，然后在高中毕业前完成清单上的任务。

大卫（身着一身运动装备，肌肉发达，看上去自信而强壮）：大卫，高中的体育明星，他总是满怀激情。：我赞成！我们来看看清单上都有些什么。

[艾莉开始写在黑板上，其他人开始讨论清单的内容。教室外的窗户透出明亮的阳光，墙上的画作让整个教室充满了生机。]

艾莉：好，首先，我们可以尝试新的爱好，每个人都选择一个。比如，我可以尝试话剧表演，这可以帮助我克服我的社交恐惧。

本：我决定要主动亲近家人，特别是我的姐姐。我们已经很久没有好好交流了。

莎拉：我要重新连接失散的父母，找出他们失散的原因。这是一项重要任务。

大卫：我有一场重要的体育比赛要参加，我要全力以赴，争取胜利。

[四位主要角色开始感到兴奋，他们开始制定计划，准备开始他们的成长清单。窗外的鸟儿在窗户前飞翔，透过窗户可以看到阳光洒在校园的草坪上，教室里充满了期待和友情的氛围。]

艾莉：好，我们有了计划，现在让我们开始吧！我们将度过一个充实的最后一年，完成这个成长清单。

[第一幕结束，舞台背景慢慢暗下来，为第二幕做准备。]

图 7-8　ChatGPT 优化剧本的第一幕内容(续)

用户还可以输入提示词，让 ChatGPT 写出剧本的高潮部分，并增加矛盾与冲突，修改并润色剧本。

7.3　故　　事

扫码看视频

故事往往情节出彩、引人入胜，能够起到教育的作用，尤其是在家庭教育中发挥着重要的作用。当用户需要给孩子讲故事时，可以让 ChatGPT 充当故事专家，提供适合特定年龄和特定风格的故事。本节就来为大家介绍让 ChatGPT 编写故事的操作方法。

7.3.1　赋予身份，提出需求

在 ChatGPT 的输入框中输入提示词，如"假设你是童话作家，擅长于编写童话寓言故事，请提供一个适合 8 岁小朋友的故事"，让 ChatGPT 根据需求编写故事，按 Enter 键确认，ChatGPT 会生成童话故事，如图 7-9 所示。

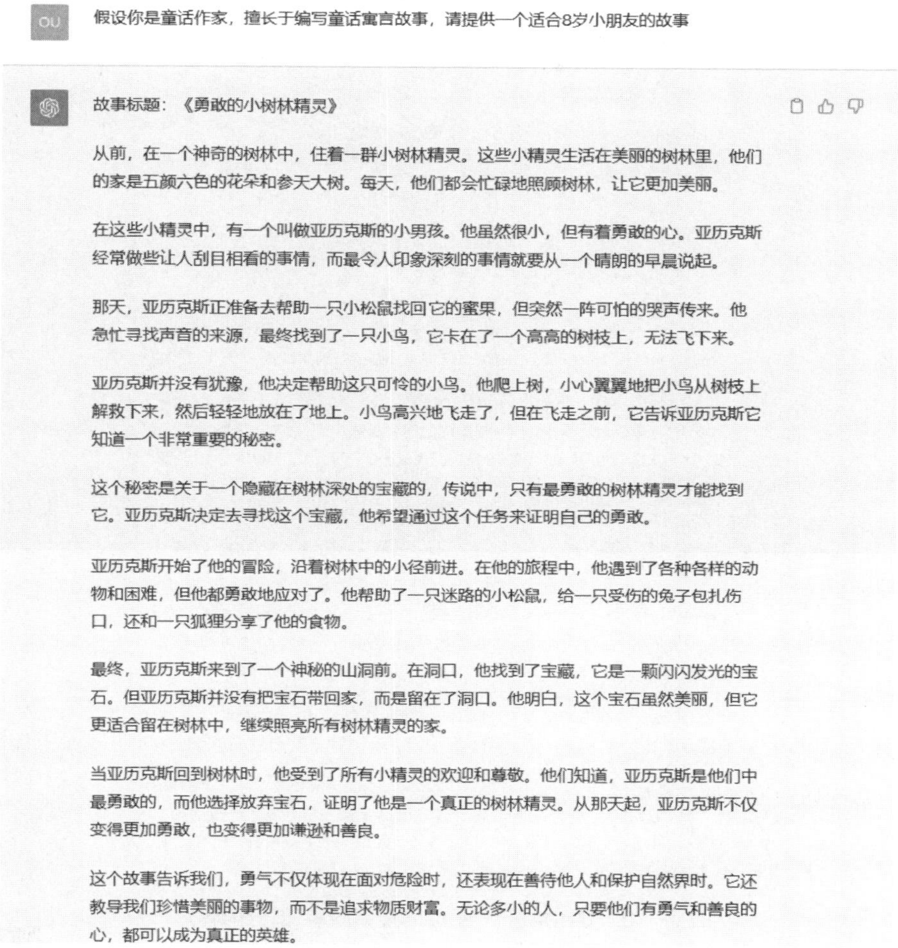

OU 假设你是童话作家，擅长于编写童话寓言故事，请提供一个适合8岁小朋友的故事

故事标题：《勇敢的小树林精灵》

从前，在一个神奇的树林中，住着一群小树林精灵。这些小精灵生活在美丽的树林里，他们的家是五颜六色的花朵和参天大树。每天，他们都会忙碌地照顾树林，让它更加美丽。

在这些小精灵中，有一个叫做亚历克斯的小男孩。他虽然很小，但有着勇敢的心。亚历克斯经常做些让人刮目相看的事情，而最令人印象深刻的事情就要从一个晴朗的早晨说起。

那天，亚历克斯正准备去帮助一只小松鼠找回它的蜜果，但突然一阵可怕的哭声传来。他急忙寻找声音的来源，最终找到了一只小鸟，它卡在了一个高高的树枝上，无法飞下来。

亚历克斯并没有犹豫，他决定帮助这只可怜的小鸟。他爬上树，小心翼翼地把小鸟从树枝上解救下来，然后轻轻地放在了地上。小鸟高兴地飞走了，但在飞走之前，它告诉亚历克斯它知道一个非常重要的秘密。

这个秘密是关于一个隐藏在树林深处的宝藏的，传说中，只有最勇敢的树林精灵才能找到它。亚历克斯决定去寻找这个宝藏，他希望通过这个任务来证明自己的勇敢。

亚历克斯开始了他的冒险，沿着树林中的小径前进。在他的旅程中，他遇到了各种各样的动物和困难，但他都勇敢地应对了。他帮助了一只迷路的小松鼠，给一只受伤的兔子包扎伤口，还和一只狐狸分享了他的食物。

最终，亚历克斯来到了一个神秘的山洞前。在洞口，他找到了宝藏，它是一颗闪闪发光的宝石。但亚历克斯并没有把宝石带回家，而是留在了洞口。他明白，这个宝石虽然美丽，但它更适合留在树林中，继续照亮所有树林精灵的家。

当亚历克斯回到树林时，他受到了所有小精灵的欢迎和尊敬。他们知道，亚历克斯是他们中最勇敢的，而他选择放弃宝石，证明了他是一个真正的树林精灵。从那天起，亚历克斯不仅变得更加勇敢，也变得更加谦逊和善良。

这个故事告诉我们，勇气不仅体现在面对危险时，还表现在善待他人和保护自然界时。它还教导我们珍惜美丽的事物，而不是追求物质财富。无论多小的人，只要他们有勇气和善良的心，都可以成为真正的英雄。

图 7-9　ChatGPT 生成的童话故事

7.3.2　输入提示词和需求

在 ChatGPT 的输入框中输入提示词，如"请根据关键词编写一个童话故事，要求适合 8 岁小朋友阅读，且比较新奇有趣(另起一行)关键词：兔子、大海、寻宝"，让 ChatGPT 根据需求编写故事，按 Enter 键确认，ChatGPT 会生成童话故事，如图 7-10 所示。

用户还可以让 ChatGPT 对经典的童话故事改编，生成新奇有趣的童话故事，或者让 ChatGPT 在故事中融入一些哲理，达到教育的目的。

> OU 请根据关键词编写一个童话故事，要求适合8岁小朋友阅读，且比较新奇有趣
> 关键词：兔子、大海、寻宝

> 故事标题：《兔子的大海寻宝之旅》
>
> 从前，有一个可爱的小兔子叫贝贝，它住在一个美丽的森林里。贝贝是一个好奇的小兔子，经常梦想着远方的大海。他听说大海是一个神奇的地方，充满了宝藏。于是，一天，贝贝决定踏上寻宝之旅。
>
> 贝贝穿越了茂密的森林，沿着一条小溪走了很久，直到他终于来到了大海边。当他第一次看到大海时，他被它的壮丽景色惊呆了。大海无边无际，波浪拍打着沙滩，海鸥在天空中翱翔。
>
> 但贝贝并没有忘记他的目的，他相信大海中一定有宝藏。于是，他开始仔细地搜索海滩，翻动每一个贝壳，挖掘每一片沙子。然而，他并没有找到任何宝藏，只找到了一些漂亮的贝壳和五颜六色的石头。
>
> 贝贝有点沮丧，但他没有放弃。他遇到了一只友善的螃蟹，螃蟹告诉他，要找到真正的宝藏，他需要去大海深处。贝贝决定听从螃蟹的建议，他爬上了一艘小船，开始了航向大海深处的旅程。
>
> 贝贝穿越了茂密的森林，沿着一条小溪走了很久，直到他终于来到了大海边。当他第一次看到大海时，他被它的壮丽景色惊呆了。大海无边无际，波浪拍打着沙滩，海鸥在天空中翱翔。
>
> 但贝贝并没有忘记他的目的，他相信大海中一定有宝藏。于是，他开始仔细地搜索海滩，翻动每一块贝壳，挖掘每一块沙子。然而，他并没有找到任何宝藏，只找到了一些漂亮的贝壳和五颜六色的石头。
>
> 贝贝有点沮丧，但他没有放弃。他遇到了一只友善的螃蟹，螃蟹告诉他，要找到真正的宝藏，他需要去大海深处。贝贝决定听从螃蟹的建议，他爬上了一艘小船，开始了航向大海深处的旅程。
>
> 在大海深处，贝贝看到了各种各样的海洋生物，美丽的珊瑚礁和五光十色的鱼群。他发现了一个神秘的宝箱，但它里面并没有藏着金银财宝，而是装满了珍贵的珊瑚和美丽的贝壳。贝贝明白了，大海中的宝藏不一定是贵重的东西，它也可以是大自然的美丽和神奇。

图 7-10　ChatGPT 生成的童话故事(部分内容)

7.4　散　　文

扫码看视频

在生活中，我们欣赏美景、享受美食、阅读佳作或感悟人生百味，都可能会禁不住文思涌动，想要用言语或文字表达，散文便由此而来。ChatGPT 的出现，让散文能够借助 AI 的力量更能传情达意。本节将介绍让 ChatGPT 写作散文的操作步骤。

7.4.1　引入散文，设置背景

在 ChatGPT 的输入框中输入提示词，如"请总结出朱自清的《背影》这篇散文的特点"，让 ChatGPT 了解优秀散文的写法，按 Enter 键确认，ChatGPT 会总结

出散文的特点，如图 7-11 所示。

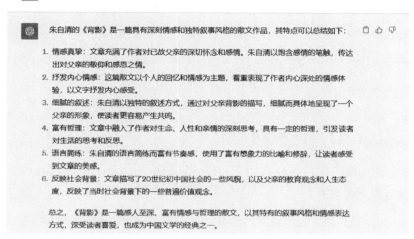

图 7-11 ChatGPT 总结出散文的特点

7.4.2 输入提示，生成散文

在同一个输入框中输入提示词，如"请根据上述特征，写一篇关于荷花的散文，字数在 500 字左右"，按 Enter 键确认，ChatGPT 会生成散文，如图 7-12 所示。

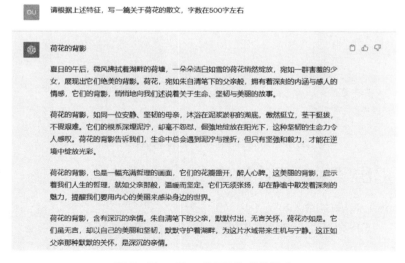

图 7-12 ChatGPT 生成的散文

荷花的背影，宛如心灵的抚慰。当人们疲惫、焦虑时，来到荷塘边，看看这些娇艳的背影，仿佛一场心灵的沐浴。它们的美丽与纯洁，能够净化心灵，带来宁静与欢悦。

荷花的背影，教会我们欣赏生命的美丽，尊重坚韧的品质，感受深沉的亲情，以及在内心的平静中寻找抚慰。它以它们自己独特的方式，给予了我们许多感悟，正如朱自清笔下的父亲那样。这片湖畔的荷花，是自然界最美的教师，它们的背影让我们明白，生命的价值在于它的坚韧、深邃，以及在静默中绽放的美。

荷花的背影，是大自然的馈赠，也是父爱的象征。正如朱自清对父亲的敬仰与感恩，我们也应该珍视这片湖畔的荷花，珍视父爱，珍视生命的坚韧与美丽。它们的背影，是永恒的画卷，永远在湖畔绽放，也永远在我们的心中绽放。

图 7-12　ChatGPT 生成的散文(续)

7.4.3　引导 AI，评价散文

在同一个输入框中继续输入提示词，如"**请评价一下这篇散文**"，让 ChatGPT 对自己生成的散文进行评价，按 Enter 键确认，ChatGPT 会对散文进行评价，如图 7-13 所示。

请评价一下这篇散文

这篇散文以荷花的背影为主题，以朱自清的《背影》为灵感，表达了对荷花的赞美与思考。以下是对这篇散文的评价：

1. 情感真挚：作者通过对荷花的赞美，成功传达了对大自然和生命的深刻感受，这种情感表达真挚而深刻，与朱自清的《背影》有类似之处。
2. 豁达哲理：文章融入了对生命、坚韧、亲情和美丽的哲理性思考，使读者在阅读过程中能够获得一些关于生活和人性的启示。
3. 艺术感觉：文章在描写荷花和生活哲理时使用了生动的比喻，使整篇文章充满了艺术感觉，令人印象深刻。
4. 温暖而鼓舞人心：文章传递了一种温馨和鼓舞人心的情感，使读者感到心灵受到抚慰，这是一篇具有积极向上价值的散文。

总体而言，这篇散文以荷花为主题，通过对荷花的赞美与哲理性思考，成功地传达了深刻的情感和思想，使读者感到温暖和启发。这篇散文在文学性和情感共鸣方面都表现出色，是一篇很有价值的作品。

图 7-13　ChatGPT 对散文进行评价

7.4.4　提出要求，优化散文

在同一个输入框中输入提示词，如"**请优化散文，让读者更有记忆点**"，按 Enter 键确认，ChatGPT 会对散文进行优化，如图 7-14 所示。

可以看出，ChatGPT 优化后的散文增加了修辞手法的运用，并加强了节奏感和韵律感。

ou　请优化散文，让读者更有记忆点

荷花的微笑

夏日的午后，湖畔的荷塘成为一片神秘而美丽的世界。微风轻拂，湖水波光粼粼，荷叶翩翩起舞，而荷花，它们是这个美景中最引人注目的存在，如白衣少女般含羞绽放。荷花的花瓣如雪，纯洁而美丽，但最令人难以忘怀的，是她们的微笑般的背影。

荷花的背影，是大自然的杰作。它们伫立于泥泞的湖底，顽强而坚韧。它们的根系深深扎根，像人生道路上的坚持与信念，坚韧而不屈。这是一种值得我们学习的品质，荷花的背影在微风的吹拂下，微微一笑，仿佛在告诉我们，生活中的艰辛只是风景的一部分。

荷花的背影，饱含着哲理。它们不需言语，却以它们的美丽和坚韧，展现了生命的哲理。在这一片宁静的湖泊中，它们静静地盛开，用内心的美丽感染着周围的一切。这是一种平和而内敛的美，让我们明白，真正的美是内心的宁静。

荷花的背影，寄托着深沉的亲情。它们虽无言，却以它们的美丽和坚韧，守护着湖畔，为这片水域带来生机与宁静。这种默默的关怀，正如父亲的无言关怀，是深沉的亲情的象征。荷花的背影也提醒着我们要珍视身边的人，感恩亲情的存在。

荷花的背影，是心灵的抚慰。当人们疲惫、焦虑时，来到荷塘边，看着这些娇艳的背影，仿佛获得了一场心灵的洗礼。它们的美丽与纯洁，能够净化心灵，带来内心的宁静与喜悦。

荷花的背影，让我们感受生命的美丽，尊重坚韧的品质，感受深沉的亲情，以及在内心的平静中寻找抚慰。她们的微笑般的背影，是大自然的礼物，也是亲情的象征。如同朱自清对父亲的敬仰与感恩，我们也应该珍视这片湖畔的荷花，珍视亲情，珍视生命的坚韧与美丽。它们的背影，永远在湖畔绽放，也永远在我们的心中绽放。这是大自然的馈赠，也是生命的宝藏。

图 7-14　ChatGPT 对散文进行优化

第 8 章

制作学术类文案

学前提示

学术类文案是一种旨在传达学术研究成果和理论观点的文本形式或办公事务方面的文字内容。运用 ChatGPT 的文本生成功能便可以轻松获得学术类文案，极大地提高了学习和工作的效率。本章将介绍运用 ChatGPT 生成学术类文案的操作方法。

要点提示

▶ 论文大纲

▶ 学习笔记

▶ 专业解惑

▶ 个人简历

▶ 商业计划书

扫码看视频

8.1 论文大纲

论文大纲是指论文的整体框架，相当于大树的枝干，好的大纲能够成就枝繁叶茂。对于有学术需求的用户来说，拟好大纲是撰写论文最重要的一步，决定着论文内容的填充和顺利完成程度。运用 ChatGPT 的文本生成功能，可以为用户提供拟写论文大纲的灵感，从而提高撰写论文的效率。本节将介绍运用 ChatGPT 生成论文大纲的操作方法。

8.1.1 输入提示，设置背景

在 ChatGPT 的输入框中输入对话提示，如输入"论文大纲主要包括哪些要素"提示词，生成的回复如图 8-1 所示，确认 ChatGPT 对论文大纲是否了解。

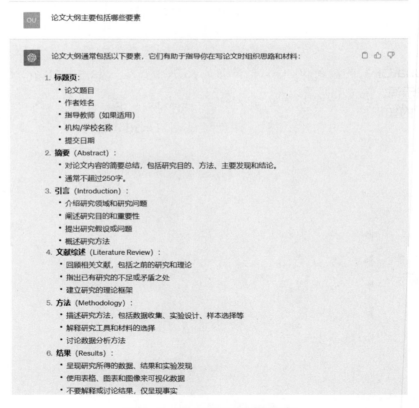

图 8-1 ChatGPT 生成的回复

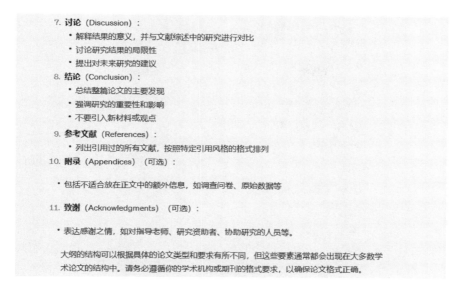

图 8-1 ChatGPT 生成的回复(续)

8.1.2 提出需求，生成论文大纲

在 ChatGPT 的输入框中输入具体的需求，如输入"提供选题为秘书职能的论文大纲"提示词，生成的回复如图 8-2 所示。需要注意的是，为保证论文的原创性和尊重个人的知识成果，运用 ChatGPT 生成的论文大纲仅适合参考，不建议直接采用。

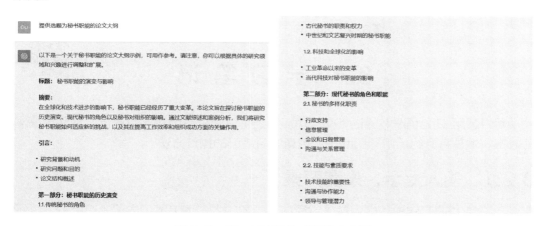

图 8-2 ChatGPT 生成的论文大纲

第三部分：秘书对组织的影响

3.1. 秘书在组织效率中的作用

- 提高工作效率的关键职责
- 协助领导决策

3.2. 秘书与组织成功的关系

- 秘书与组织绩效的相关性
- 成功案例分析

讨论：

- 秘书职能的挑战和机遇
- 秘书职能的未来发展趋势

结论：

- 总结主要发现
- 强调秘书职能的重要性和持久性
- 提出进一步研究的建议

参考文献：

- 列出引用的文献和参考资料

附录：（可选）

- 包括额外信息，如调查问卷、采访记录等。

这个大纲提供了一个框架，以便你深入研究秘书职能的不同方面，并构建一个完整的论文。在实际写作过程中，你可以进一步细化各个部分，并引入相关案例、数据和文献支持你的论点。确保根据你的研究的具体要求和重点进行调整。

图 8-2　ChatGPT 生成的论文大纲(续)

8.2　学习笔记

扫码看视频

用户运用 ChatGPT 的语言交互功能，还可以引导其创建学习笔记，从而提高学习效率。本节将介绍运用 ChatGPT 创建学习笔记的操作方法。

8.2.1　输入提示，设置背景

在 ChatGPT 的输入框中输入对话前提，如输入"读书笔记的要素有哪些"提示词，ChatGPT 生成的回复如图 8-3 所示，确认 ChatGPT 是否了解学习笔记的写法。

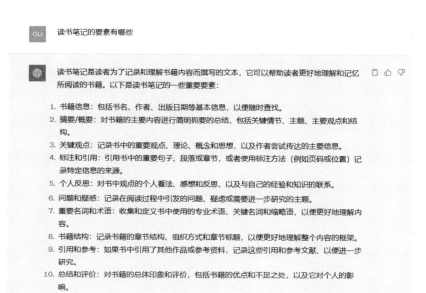

图 8-3　ChatGPT 生成的回复

8.2.2　提出需求，生成学习笔记

在 ChatGPT 的输入框中输入具体需求，如输入"假设你正在阅读《百年孤独》这本书，请写下关于这本书的读书笔记"提示词，ChatGPT 会根据要求生成学习笔记，如图 8-4 所示。

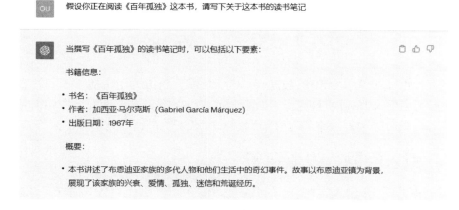

图 8-4　ChatGPT 生成的读书笔记

关键观点：

- 布恩迪亚家族的孤独与命运纠缠在一起，多代人物重复着相似的命运轨迹。
- 书中充满了魔幻现实主义的元素，让现实和幻想交织在一起。
- 作者通过家族史诉说了拉丁美洲的历史和政治变迁，以及其对个体命运的影响。

个人反思：

- 令人印象深刻的是书中的文学风格和丰富的想象力，这使故事充满了魅力和独特性。
- 书中对时间、孤独和家庭的深刻探讨引发了我对人类关系和历史的思考。

问题和疑虑：

- 书中许多人物重名，这是否代表着某种特定的主题或象征？
- 魔幻现实主义如何用于传达拉丁美洲的历史和社会问题？

重要名词和术语：

- 马奇亚斯家族：布恩迪亚家族的创始人，书中的主要角色。
- 魔幻现实主义：这种文学风格如何与拉丁美洲文化和历史联系在一起？

书籍结构：

- 书中以多代人物为主线，通过不同章节以时间线的方式展开，同时充满了许多幻想元素。

引用和参考：

- 需要引用书中的重要句子和段落，以及对其他文学作品的引用。

总结和评价：

- 《百年孤独》是一部极具文学价值的作品，深刻探讨了家庭、时间、孤独和历史的主题。它以独特的文学风格和丰富的想象力吸引读者，使人深思不已。

图 8-4　ChatGPT 生成的读书笔记(续)

需要注意的是，用户在让 ChatGPT 生成读书笔记时，对于一些存在同名的外文书最好在提示词中写明外文书名，以防 ChatGPT 对书名识别错误。运用这个方法，还可以让 ChatGPT 生成相应学科知识点的笔记，在提示词中具体说明知识点即可。

8.3　专业解惑

扫码看视频

基于 ChatGPT 强大的信息数据库，ChatGPT 可以为用户提供不同领域的专业知识。用户可以把 ChatGPT 当作一个老师或学者，向其发起询问，ChatGPT 会给出比较客观、专业的回复。本节将介绍运用 ChatGPT 进行专业解惑的操作方法。

8.3.1　引入问题，设置背景

在 ChatGPT 的输入框中输入问题，如输入"什么是沉没成本？"提示词，ChatGPT 会简要地介绍它的概念、特点和应用，如图 8-5 所示。

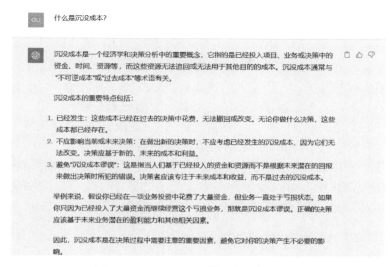

图 8-5 ChatGPT 简要介绍专业知识

8.3.2 提出需求，解答问题

进一步了解沉没成本的相关知识，如输入"详细说明沉没成本在生活中的应用"提示词，ChatGPT 会对沉没成本的应用展开介绍，如图 8-6 所示。

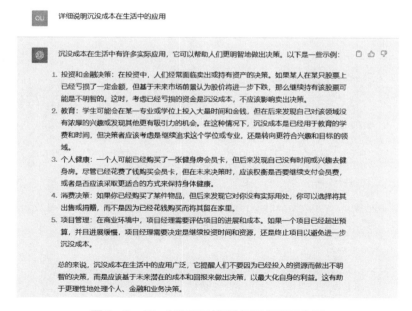

图 8-6 ChatGPT 对相关知识点展开介绍

扫码看视频

8.4 个人简历

在人们的求职生涯中，简历是人们找工作不可少的"敲门砖"，一直处于非常重要的地位，因此人们会十分重视简历的"包装"。简历最主要的"包装"在于如何绘声绘色又恰到好处地说明个人经历，这并非是人人都擅长的。通常情况下，人们会选择寻找各式各样的模板进行套用，但往往容易落于俗套。

而用户通过与 ChatGPT 对话的方式，便可以让 ChatGPT 帮忙修改简历、准确表述个人经历，这样做既可以提高用户制作简历的效率，又可以增加个人简历的价值。本节将介绍 ChatGPT 在制作个人简历方面的操作方法。

8.4.1 引导 AI，评价简历

提供给 ChatGPT 履历，在输入框中输入"这份美工编辑的履历，有哪些地方可以写得更好？请以专业面试官的角度，提出具体的改进建议。（附上履历）"提示词，ChatGPT 会从面试官的角度给出中肯的修改建议，如图 8-7 所示。

这份美工编辑的履历已经提供了一些有用的信息，但还有一些地方可以改进，以提高吸引潜在雇主的机会。以下是一些建议：

1. **详细描述工作职责和成就**：在工作经历部分，提供更多具体的细节，如完成的项目、负责的任务、使用的设计工具和技术。举例说明您如何提高了公司的宣传材料质量，或者提高了网站的用户体验。

2. **突出成就**：强调您的职务之外所取得的成就。这可以包括提到您设计的特别成功的宣传资料、获得的任何奖项或认可，以及您在公司中的贡献。这些细节能够吸引面试官的关注。

3. **技能和工具的具体列举**：在自我评价中，不仅要提到您熟练操作的软件和工具，还要列出您在这些软件中具体的技能。例如，您可以提到您的Photoshop技能包括图像处理、图形设计和排版等方面。

4. **项目和作品集**：如果有可能，提供一个在线作品集链接，或至少在简历中提到您的作品集可供查看。这将允许雇主更直观地评估您的设计能力。

5. **教育部分**：您可以在教育部分提供更多有关您大学学习的细节，如特别感兴趣的课程、毕业论文主题等，以突显您的专业知识和兴趣。

6. **目标和职业发展**：在简历顶部或底部添加一个目标或职业发展部分，简短说明您为什么想成为美工编辑，以及您的职业目标是什么。

7. **个性特质**：您提到了喜欢创意设计、擅长思考等个性特质，但可以考虑具体的例子来支持这些陈述。例如，您可以提到一个具体的项目，展示如何运用创意解决了一个设计挑战。

8. **推荐信和参考人**：如果可能的话，可以在简历中提供推荐信或参考人的联系信息，这将增加您的可信度。

最终，确保简历整洁、易读，使用清晰的排版和字体。一个令人印象深刻的美工编辑简历应该反映出您的专业技能和设计眼光，同时突显您在前一份工作中所做的贡献。

图 8-7 ChatGPT 给出简历的修改建议

8.4.2 提出建议，修改简历

让 ChatGPT 改写履历，在输入框中输入"根据你提出的建议来改写这份履历，以列点的形式列出"提示词，ChatGPT 会根据建议对简历进行修改，如图 8-8 所示。可以看出，ChatGPT 修改好的简历与求职意向相匹配，更突出专业水平和实战能力，能够增加求职成功的概率。

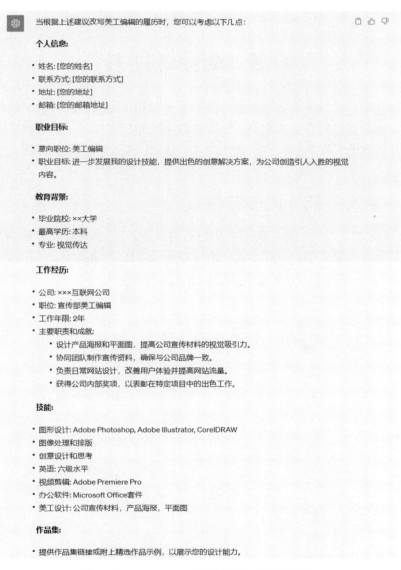

图 8-8　ChatGPT 根据建议修改好的简历

自我评价：

· 我热爱创意设计，善于思考，有扎实的绘画技能和丰富的想象力。
· 我在多种设计软件和办公软件上有熟练的操作经验。
· 我具备良好的团队合作能力和基本的英语交流能力。

这些改进将使您的履历更具吸引力，突出了您的职业目标、教育背景、工作经验和专业技能。同时，通过提供具体的例子和作品集链接，能够更好地展示您的实际能力。

图 8-8　ChatGPT 根据建议修改好的简历(续)

扫码看视频

8.5　商业计划书

商业计划书是展示企业或事业单位的基本状况和未来发展潜力的书面材料，主要用于企业或事业单位进行招商引资。商业计划书的编写需按照一定的格式，且要求要素齐全，有一定的专业水准。本节就来为大家介绍让 ChatGPT 生成商业计划书的操作方法。

8.5.1　输入提示，设置背景

在 ChatGPT 的输入框中输入对话前提，如输入"什么是商业计划书？一份完整的商业计划书包含哪些要素"提示词，生成的回复如图 8-9 所示。

 什么是商业计划书？一份完整的商业计划书包含哪些要素

商业计划书是一份详细的文档，用于规划和描述一个商业项目或企业的方方面面，通常用于向投资者、银行、合作伙伴或内部团队传达商业战略和运营计划。一份完整的商业计划书通常包括以下要素：

1. 执行摘要（Executive Summary）：这是计划书的首要部分，提供了对整个计划的高层次概述。它应该能够吸引读者的兴趣，概括主要亮点和目标。
2. 公司简介（Company Description）：描述企业的历史、使命、愿景、法律结构、所有权和经营地点等基本信息。
3. 市场分析（Market Analysis）：包括对目标市场、竞争环境、目标客户群体、市场趋势和机会的深入研究。
4. 产品或服务描述（Products or Services）：详细描述企业提供的产品或服务，包括其特点、竞争优势和定价策略。
5. 经营战略（Business Strategy）：说明企业的战略方向，包括市场定位、销售策略、市场推广、分销渠道等。
6. 经营计划（Operational Plan）：解释企业的运营流程，包括供应链、生产、人力资源管理、设备和技术需求等。
7. 管理团队（Management Team）：介绍管理团队成员的背景、经验和职责，以显示他们的资格。
8. 财务计划（Financial Plan）：包括财务预测，如收入和支出预测、现金流量表、资本预算等。也包括当前和过去的财务状况。

图 8-9　ChatGPT 生成的回复

9. 融资需求（Funding Requirements）：如果你正在寻求融资，应该明确说明你需要多少资金以及如何使用这些资金。

10. 风险分析（Risk Analysis）：列出可能的风险和挑战，并提供应对策略。

11. 附录（Appendix）：包含其他支持信息，如市场调查数据、竞争分析、详细财务模型等。

商业计划书应该清晰、有逻辑性，以便读者能够轻松理解和评估你的商业计划。它通常用于帮助企业创始人、投资者和银行等相关方了解企业的潜力和风险，从而做出决策是否支持该计划。不同行业和项目可能会有不同的要求，但上述要素通常适用于大多数商业计划书。

图 8-9 ChatGPT 生成的回复(续)

8.5.2 提出需求，生成商业计划书

输入具体的需求，如输入"提供一份关于中文学习 App 研发的商业计划书，用于融资"提示词，生成的部分回复如图 8-10 所示。由此可以看出，ChatGPT 可以结合商业计划书的各个要素和项目需求生成具有参考性的商业计划书。

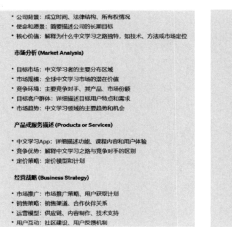

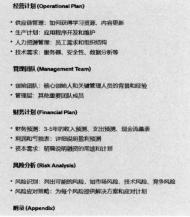

图 8-10 ChatGPT 生成的商业计划书部分内容

- 市场调查数据
- 竞争分析
- 详细财务模型
- 团队成员的详细简历

请注意，这只是一个商业计划书示例的概要。实际的商业计划书需要根据你的具体项目和融资需求进行进一步定制和详细设计。同时，建议咨询专业人士，如律师或财务顾问，以确保商业计划书的合法性和财务合理性。

图 8-10　ChatGPT 生成的商业计划书部分内容(续)

【文心一言篇】

第 9 章

入门文心一言

学前提示

　　文心一言是百度公司研发的知识增强大型语言模型，能够与人对话互动、回答问题、协助创作，高效便捷地帮助人们获取信息、知识和灵感。本章将帮助大家轻松掌握文心一言的入门技巧，体验这一先进的人工智能技术。

要点提示

▶　基本用法：认识文心一言

▶　管理窗口：上手文心一言

9.1　基本用法：认识文心一言

文心一言是百度平台推出的一款知识增强大型语言模型，能够从海量的数据中检索到用户需要的内容。

文心一言可以与用户对话、回答用户的问题，进而帮助用户高效、快捷地获取信息，而且推出了 PC 端和手机端，使用非常方便。本节将为大家介绍文心一言的基本用法，帮助大家更快上手文心一言。

9.1.1　注册与登录

要使用文心一言或文心一格，需要先注册一个百度账号，该账号对于两个平台都是通用的。下面介绍注册与登录文心一言的操作方法。

扫码看视频

步骤 01 进入文心一言官网，在首页单击"开始体验"按钮，如图 9-1 所示。

图 9-1　单击"开始体验"按钮

步骤 02 弹出登录对话框，百度账号用户一共有 3 种登录方式：第 1 种是直接输入账号(手机号/用户名/邮箱)和密码进行登录；第 2 种是通过短信验证码登录；第 3 种就是进行扫码登录。登录成功后即可直接进入文心一言的主页。如果用户还没有百度账号，则可以单击"立即注册"按钮，如图 9-2 所示。

步骤 03 进入百度的"欢迎注册"页面，如图 9-3 所示，输入相应的用户名、手机号、密码和验证码，单击"注册"按钮即可。

图 9-2　单击"立即注册"按钮

图 9-3　百度的"欢迎注册"页面

9.1.2　使用系统提示词

扫码看视频

　　用户进入文心一言的主页后，AI 会推荐一些提示词模板引导用户使用，帮助用户更好地体验文心一言的对话功能，具体的操作方法如下。

　　步骤 01　进入文心一言主页，可以看到 AI 推荐了一些提示词模板，选择相应的提示词模板，如图 9-4 所示。

　　步骤 02　AI 会针对模板中的提示词给出相应的回答，反应速度非常快，而且回复的内容也比较贴合提示词的要求，如图 9-5 所示。

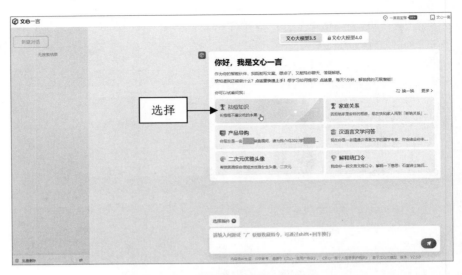

图 9-4　选择相应的提示词模板

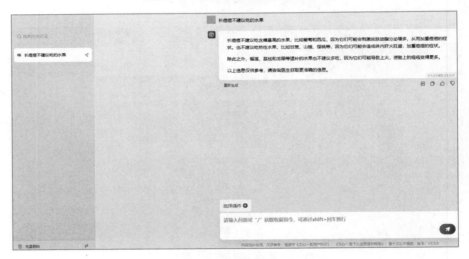

图 9-5　AI 给出相应的回答

9.1.3　输入提示词

扫码看视频

文心一言中的提示词又称为指令，除了使用 AI 推荐的提示词模板进行对话外，用户还可以输入自定义的提示词与 AI 进行交流，具体操作方法如下。

步骤 01 进入文心一言主页，在下方的输入框中输入相应的提示词，即你要 AI 帮你解决的问题或相关要求，如图 9-6 所示。

步骤 02 单击输入框右下角的"发送"按钮 ，或者按 Enter 键确认，即可获得 AI 的回复，具体内容如图 9-7 所示。

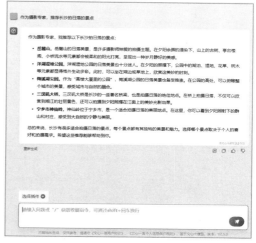

图 9-6 输入相应的提示词　　　　　　图 9-7 AI 回复的具体内容

9.1.4 获取提示词模板

用户可以在文心一言的"一言百宝箱"页面中收藏一些常用的提示词模板，这样在需要使用某些提示词时，可以直接在输入框中使用"/"(正斜杠)符号获取提示词模板，具体操作方法如下。

扫码看视频

步骤 01 进入文心一言主页，在下方的输入框中输入"/"符号，在上方弹出的列表框中选择一个提示词模板，如图 9-8 所示。

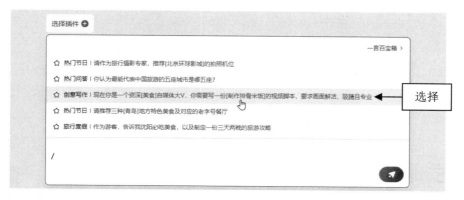

图 9-8 选择一个提示词模板

步骤 02 执行操作后，即可自动填入所选的提示词模板，对括号中的内容进行适当修改，单击"发送"按钮 ，即可获得 AI 的回复，具体内容如图 9-9 所示。

现在你是一个资深美食自媒体大V，你需要写一份制作排骨米饭的视频脚本，要求画面鲜活，吸睛且专业

[视频开头]

(镜头缓缓推进，呈现出色彩鲜艳的排骨和饱满的大米，烹饪器具在炉火下闪闪发光)

旁白："大家好，欢迎来到我们的美食世界！我是你们的主厨，带领你们领略美食的魅力。"

[视频内容]

镜头切换到排骨米饭的制作过程：

(特写镜头：排骨在大火下翻滚，金黄的米粒在锅中跳跃)

旁白："排骨米饭，一道深受大家喜爱的经典美食。今天，就让我们来一起学习如何制作这道美味佳肴。"

(画面切换至清洗排骨、浸泡大米的过程)

旁白："首先，我们要准备好新鲜的排骨和大米。将排骨洗净，浸泡大米直到它变得饱满而柔软。"

(画面展示切好的姜片、葱花等调料)

旁白："然后，我们准备调料。一些姜片、葱花，这些都能为我们的排骨米饭增添别样的风味。"

(画面展示烹饪过程：先将油烧热，然后加入排骨煎炒，再加入姜片、葱花等调料翻炒)

旁白："热锅凉油，这是烹饪的秘诀。将排骨煎炒至金黄色，然后加入我们的调料大军。"

(画面展示加入料酒、生抽等调味料的过程)

旁白："现在，让我们加入料酒和生抽，为排骨增添更多的层次感。"

(画面展示将炒好的排骨转移到炖锅中的过程)

旁白："然后，我们将炒好的排骨转移到炖锅中，加入足够的水，用大火煮沸。"

(画面展示将洗好的大米加入排骨汤中的过程)

旁白："接下来，就是将我们浸泡好的大米加入到排骨汤中。用小火慢慢炖煮，让大米充分吸收排骨的鲜香。"

(画面展示炖煮过程中的大米和排骨)

旁白："看，这就是我们的排骨米饭在炖煮过程中的样子。是不是已经让人垂涎欲滴了呢？"

(画面展示炖煮完成后，撒上葱花和香菜的过程)

旁白："最后，我们在米饭上撒一些葱花和香菜作为装饰。一道美味的排骨米饭就完成了！"

[视频结尾]

(镜头拉远，展示一锅热气腾腾的排骨米饭)

旁白："现在，让我们来尝尝这道美味的排骨米饭吧！如果你喜欢我们的视频，记得点赞关注哦！"

由文心大模型3.5生成

图 9-9　AI 回复的具体内容

9.1.5　重新生成内容

　　如果用户对于文心一言生成的内容不太满意，则可以单击"重新生成"按钮让 AI 重新回复，具体操作方法如下。

扫码看视频

步骤 **01** 进入文心一言主页，输入相应的提示词，单击"发送"按钮 ⬤，即可获得 AI 的回复，单击"重新生成"按钮，如图 9-10 所示。

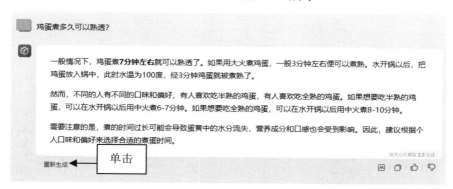

图 9-10　单击"重新生成"按钮

步骤 **02** 系统会再次向 AI 发送相同的指令，同时 AI 也会重新生成相关的回复内容，如图 9-11 所示。另外，用户还可以在 AI 回复内容的下方单击"更好""更差""差不多"按钮，对两次回答的内容进行对比评价。

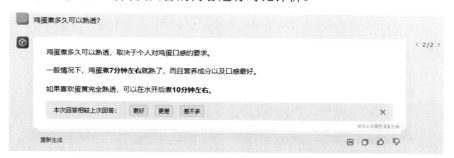

图 9-11　AI 重新生成相关的回复内容

专家提醒

当 AI 重新回复后，用户可以单击右侧的 ‹ 2/2 › 按钮查看之前的回复内容。

9.1.6 使用插件

文心一言不仅提供了强大的语言理解和生成能力，还通过插件的方式，为用户提供了更加多样化的扩展功能。例如，"百度搜索"是文心一言中的一个固定插件，它可以帮助用户快速搜索百度上的相关信息。通过这个插件，用户可以在与文心一言的对话中直接输入提示词，然后得到百度上的相关搜索结果，具体操作方法如下。

扫码看视频

步骤 01 进入文心一言主页，单击提示词输入框左上角的"选择插件"按钮，即可弹出插件列表框，如图 9-12 所示。

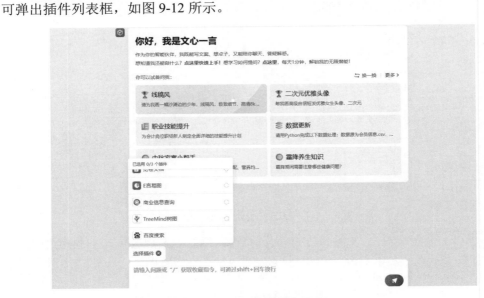

图 9-12 弹出插件列表框

步骤 02 "百度搜索"插件目前是默认启用的，而且暂时不支持关闭，用户可以直接在输入框中输入"百度一下"或者"百度搜索"等提示词激活插件功能，然后再输入其他辅助提示词。例如，输入"百度搜索 岳阳今日天气"，文心一言会将这些提示词发送到百度搜索引擎，并返回相关的天气信息，如图 9-13 所示。

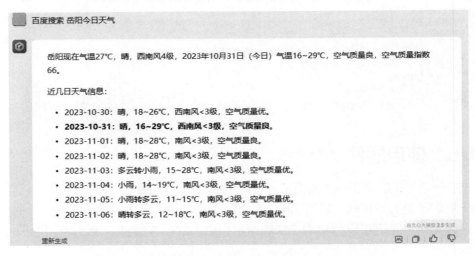

图 9-13 返回相关的天气信息

9.2 管理窗口：上手文心一言

跟 ChatGPT 一样，在文心一言平台中，用户每次登录账号后也会默认进入一个新的聊天窗口，而之前建立的聊天窗口则会自动保存在左侧的聊天窗口列表中，用户可以根据需要对聊天窗口进行管理。本节就来为大家介绍管理文心一言聊天窗口的相关操作。

9.2.1 新建对话窗口

用户可以在文心一言中新建对话窗口，这样便于管理对话内容和查找历史对话记录，具体操作方法如下。

扫码看视频

步骤 01 进入文心一言主页，在左侧的窗口中，单击上方的"新建对话"按钮，如图 9-14 所示。

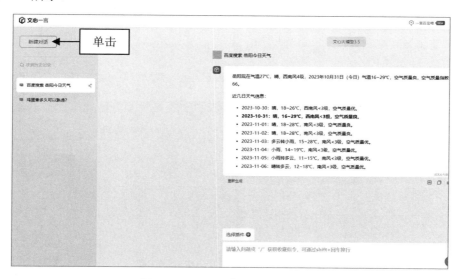

图 9-14 单击"新建对话"按钮

步骤 02 执行操作后，即可重新创建一个对话窗口，如图 9-15 所示。

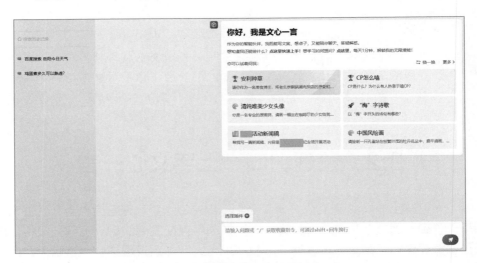

图 9-15　重新创建一个对话窗口

9.2.2　管理历史记录

扫码看视频

　　用户可以在文心一言的左侧窗口中查看和管理历史记录信息，还可以批量删除不需要的对话记录，具体操作方法如下。

　　步骤 01 进入文心一言主页，在左侧的窗口中选择相应的历史对话记录，如图 9-16 所示，即可查看对应的对话信息。

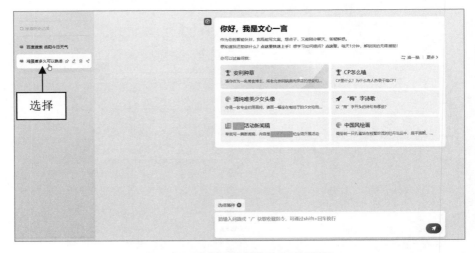

选择

图 9-16　选择相应的历史对话记录

　　步骤 02 在文心一言主页的左侧窗口中选择相应的历史对话记录，单击"置顶"按钮，如图 9-17 所示。

步骤 **03** 执行操作后,即可将该历史对话记录置顶,并显示出更深的底纹,如图 9-18 所示。

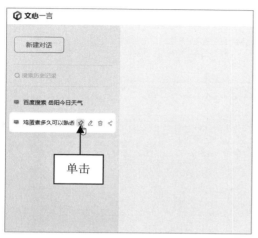

图 9-17 单击"置顶"按钮

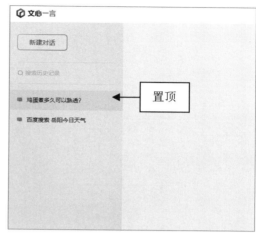

图 9-18 将历史对话记录置顶

步骤 **04** 选择相应的历史对话记录,单击"重命名"按钮 🖉,在弹出的文本框中输入相应的名称,如图 9-19 所示,单击 ✓ 按钮确认,即可修改该历史对话记录的名称。

步骤 **05** 选择相应的历史对话记录,单击"删除"按钮 🗑,如图 9-20 所示,即可删除该历史对话记录。

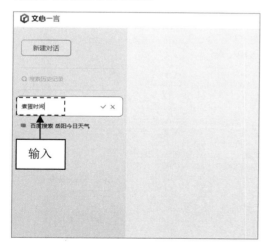

图 9-19 输入相应的名称

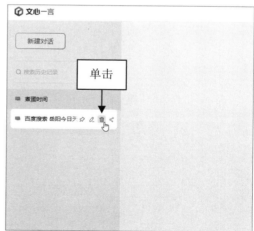

图 9-20 单击"删除"按钮

步骤 **06** 在左侧窗口的最下方,单击"批量删除"按钮,在页面左侧的"删除对话"窗口中同时选中多个历史对话记录前的复选框，如图 9-21 所示，单击"删除"按钮，即可批量删除历史对话记录。

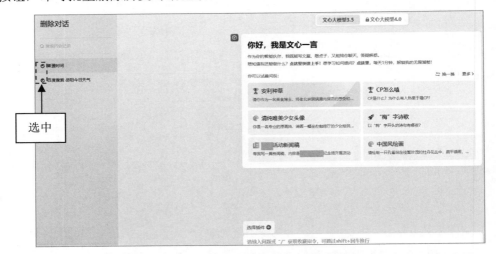

图 9-21　同时选中多个历史对话记录前的复选框

9.2.3　隐藏左侧窗口

扫码看视频

用户可以将文心一言主页的左侧窗口隐藏起来，便于扩大对话窗口，以便更好地查看对话内容，具体操作方法如下。

步骤 01　进入文心一言主页，在左侧窗口的底部单击 ⇄ 按钮，如图 9-22 所示。

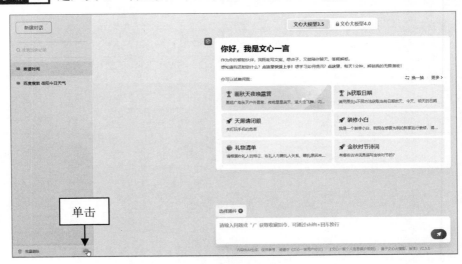

图 9-22　单击相应按钮

步骤 02 执行操作后，即可隐藏左侧窗口，并全屏显示对话窗口，如图 9-23 所示。

图 9-23 全屏显示对话窗口

9.2.4 搜索历史记录

扫码看视频

用户可以在文心一言左侧窗口的搜索框中搜索历史记录，以便快速找到所需内容，具体操作方法如下。

进入文心一言主页，在左侧的搜索框中输入历史对话记录的相关字词，如图 9-24 所示，下方即可出现相关历史记录。

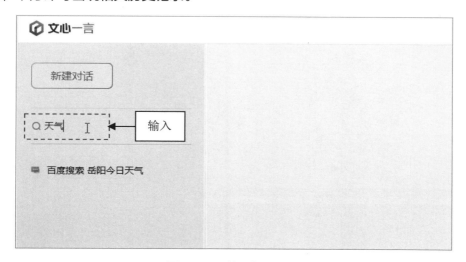

图 9-24 输入相关字词

第 10 章

掌握 App 的使用技巧

学前提示

　　文心一言不仅有电脑网页版，而且还推出了手机 App，这使得更多的用户能够随时随地享受到文心一言带来的优质 AI 服务。无论是在办公室、在家中，还是在路上，用户都可以方便地使用文心一言生成各种 AI 文案。

要点提示

▶　与 AI 交流：多种对话方式

▶　更多功能：玩转文心一言

10.1 与 AI 交流：多种对话方式

文心一言的重要功能之一就是和用户进行交流，回答用户的问题。而且，为了让用户有更好的交流体验，手机 App 推出了 3 个对话助手，分别为"洛天依""小言"和"依依"，用户可以自行选择，并且能为不同的助手设置不同的性格和语速。本节就来为大家介绍与 AI 交流的操作方法，帮助大家掌握多种交流方式。

10.1.1 发送文字

在文心一言 App 中，用户可以通过文字与 AI 进行对话，获得即时的信息、答案和建议，无须等待或浏览大量文档。这种对话方式不仅提高了效率，还为用户提供了与人工智能合作的机会，以解决各种问题和任务。具体操作方法如下。

扫码看视频

步骤 **01** 打开文心一言 App，默认进入"对话"界面，在输入框中输入相应提示词，如图 10-1 所示。

步骤 **02** 点击"发送"按钮▶，即可获取 AI 的回答，具体内容如图 10-2 所示。

图 10-1 输入相应提示词

图 10-2 获取 AI 的回答

扫码看视频

10.1.2 语音播报

使用文心一言 App 时，用户可以开启"语音播报"功能，这样就可以通过语音来与 AI 进行对话，方便用户在各种场景下使用。比如，用户可以在不方便看屏幕的情况下，如开车、做家务等，听文心一言 App 播报新闻、小说、天气预报等文字信息。下面介绍使用"语音播报"功能的具体操作方法。

步骤 01 在文心一言 App 的"对话"界面中，点击右上角的 🔲 图标进入相应界面，点击 ◎ 图标，如图 10-3 所示。

步骤 02 执行操作后，进入"设置"界面，在其中开启"语音播报"功能，如图 10-4 所示。

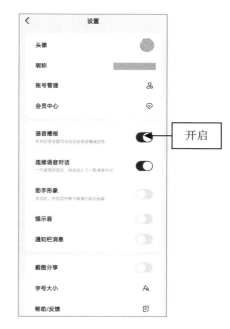

图 10-3 点击相应图标　　　图 10-4 开启"语音播报"功能

专家提醒

　　用户开启"语音播报"功能之后，系统也会自动开启"连续语音对话"功能，即用户可以连续与 AI 用语音进行交流。

步骤 03 返回"对话"界面，点击右下角的"语音"图标 🔘，如图 10-5 所示。

步骤 04 执行操作后，即可开始进行语音对话，如图 10-6 所示，用户可以直接开始对话。

步骤 05 说完后稍微停顿一下，系统会自动发送语音提示词，如图 10-7 所示。

步骤 06 AI 会根据语音提示词生成相应的回复内容，同时进行语音播报，效果如图 10-8 所示。

图 10-5 点击"语音"图标　　图 10-6 开始进行语音对话

图 10-7 发送语音提示词　　图 10-8 生成相应的回复内容并进行语音播报

10.1.3　使用提示词工具

在文心一言 App 中，用户可以使用提示词工具，快速与 AI 进行对话，具体操作方法如下。

扫码看视频

步骤 01 在"对话"界面中，点击输入框左边的 ✍ 图标，如图 10-9 所示。

步骤 02 弹出"提示词工具"列表框，从中选择相应的提示词模板，如图 10-10 所示。

图 10-9　点击相应图标　**图 10-10　选择相应的提示词模板**

步骤 03 执行操作后，即可使用相应的提示词模板，根据提示信息输入相应的提示词，如图 10-11 所示。

步骤 04 点击"发送"按钮 ▶，即可获取 AI 的回答，具体内容如图 10-12 所示。

图 10-11　输入相应的提示词　**图 10-12　获取 AI 的回答**

10.1.4　上传图片

扫码看视频

在文心一言 App 中，除了可以输入文字和语音外，用户还可以上传图片作为提示词，生成一些创意文案，如看图写诗，具体操作方法如下。

步骤 01 在"对话"界面中，点击 图标，在弹出的面板中选择一张图片，如图 10-13 所示。

步骤 02 执行操作后，即可上传图片，输入相应的提示词，如图 10-14 所示。

图 10-13　选择一张图片　　图 10-14　输入相应的提示词

步骤 03 点击"发送"按钮 ，将图片和文字等提示信息发送给 AI，如图 10-15 所示。

步骤 04 稍等片刻，AI 即可根据图片内容创作朋友圈文案，具体内容如图 10-16 所示。

图 10-15　将提示信息发送给 AI　　图 10-16　根据图片内容创作朋友圈文案

10.1.5　发布 AI 历史对话

扫码看视频

用户可以将 AI 生成的内容发布到文心一言 App 的"社区"界面中，与其他用户分享和交流经验，具体操作方法如下。

步骤 01 进入文心一言 App 的"社区"界面，点击右下角的 **+** 按钮，如图 10-17 所示。

步骤 02 执行操作后，在弹出的列表框中选择智能助手，如图 10-18 所示。

图 10-17　点击相应按钮

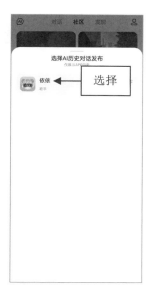

图 10-18　选择智能助手

步骤 03 进入相应界面，选中相应对话内容上方的复选框，如图 10-19 所示。

步骤 04 点击"下一步"按钮，进入发布界面，根据 AI 内容输入相应的标题和正文信息，如图 10-20 所示。

图 10-19　选中相应复选框

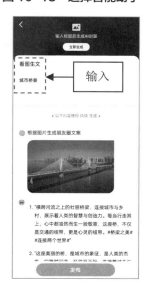

图 10-20　输入相应的标题和正文信息

步骤 05 在该界面顶部点击"立即生成"按钮，即可生成一张封面图片，如果用户对 AI 生成的封面图片不满意，可以点击"更换封面"按钮，如图 10-21 所示。

步骤 06 执行操作后，在"AI 生成"选项卡下，输入相应的提示词，点击"生成封面图"按钮，如图 10-22 所示。

图 10-21 点击"更换封面"按钮　　图 10-22 点击"生成封面图"按钮

步骤 07 AI 会根据提示词描述的场景生成一张封面图片，如果用户仍然不满意，还可以点击"重新生成"按钮，如图 10-23 所示。

步骤 08 执行操作后，AI 会再次根据提示词描述的场景生成一张封面图片，确认该图片后，点击右上角的 ✓ 按钮，如图 10-24 所示。

步骤 09 执行操作后，即可更换封面图片，点击"发布"按钮，如图 10-25 所示。

步骤 10 执行操作后，进入"作品"界面可以看到刚才发布的 AI 内容，如图 10-26 所示，该内容通过系统审核后即可发布到"社区"界面中。

图 10-23 点击"重新生成"按钮

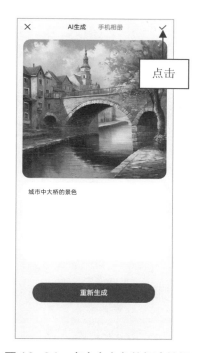

图 10-24 点击右上角的相应按钮

图 10-25 点击"发布"按钮

图 10-26 查看发布的 AI 内容

10.2　更多功能：玩转文心一言

除了与 AI 进行交流之外，用户还可以在文心一言 App 中体验到更多的功能，如让 AI 扮演虚拟角色、以文生图、优化简历、生成 PPT(演示文稿)大纲等。本节详细介绍这些功能，帮助大家进一步熟悉文心一言。

10.2.1　扮演虚拟角色

扫码看视频

用户可以在文心一言 App 中让 AI 扮演各种虚拟角色，从而实现丰富的娱乐、教育、培训和交流体验，具体操作方法如下。

步骤 01　进入文心一言 App 的"发现"界面，切换至"角色"选项卡，如图 10-27 所示。

步骤 02　选择需要让 AI 扮演的虚拟角色，如"诸葛亮"，如图 10-28 所示。

图 10-27　切换至"角色"选项卡　　　图 10-28　选择相应的虚拟角色

步骤 03　进入与"诸葛亮"对话的界面，输入相应的提示词，如图 10-29 所示。

步骤 04　点击"发送"按钮 ▶，AI 会以"诸葛亮"的身份来回答用户提出的问题，具体内容如图 10-30 所示。

图 10-29　输入相应的提示词　　图 10-30　以"诸葛亮"的身份回答问题

10.2.2　用 AI 以文生图

扫码看视频

文心一言 App 不仅可以生成 AI 文案，还可以根据文案进行 AI 绘画，实现以文生图，如生成水墨风格的绘画，具体操作方法如下。

步骤 01　进入文心一言 App 的"发现"界面，切换至"绘画"选项卡，选择相应的提示词模板，如图 10-31 所示。

步骤 02　进入"水墨风格绘画"对话界面，选择相应的绘画示例，如图 10-32 所示。

步骤 03　执行操作后，系统会自动发送指令，并生成相应的水墨风格绘画，如图 10-33 所示。

步骤 04　用户如果对绘画效果不满意，可以输入并发送"重画"指令，让 AI 重新绘制水墨风格的画，效果如图 10-34 所示。

步骤 05　用户还可以在输入框中输入自定义的提示词，描述要画的类型或场景，如图 10-35 所示。

步骤 06　点击"发送"按钮 ▶，AI 会根据用户输入的提示词生成相关的水墨风格绘画，效果如图 10-36 所示。

图 10-31　选择相应的提示词模板

图 10-32　选择相应的绘画示例

图 10-33　生成相应的水墨风格绘画

图 10-34　让 AI 重新绘制水墨风格的画

图 10-35 输入自定义的提示词　　　**图 10-36 生成相关的绘画**

10.2.3 用 AI 优化简历

　　AI 可以帮助求职者分析其教育、工作经历和技能，提供定制化的建议，以使简历更具吸引力和专业性。下面介绍用 AI 优化简历的操作方法。

　　步骤 01 进入文心一言 App 的"发现"界面，切换至"职场"选项卡，选择相应的提示词模板，如图 10-37 所示。

　　步骤 02 执行操作后，即可进入"简历优化"对话界面，输入相应的提示词，如图 10-38 所示。

　　步骤 03 点击"发送"按钮 ⊙，AI 会根据用户输入的职位生成相应的简历内容，如图 10-39 所示。

　　步骤 04 用户可以尝试更换其他的提示词，查看 AI 生成的简历内容，如图 10-40 所示。注意，重新生成简历内容时，需要返回"发现"界面重新选择"简历优化"提示词模板。

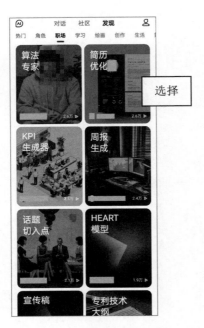

图 10-37　选择相应的提示词模板

图 10-38　输入相应的提示词

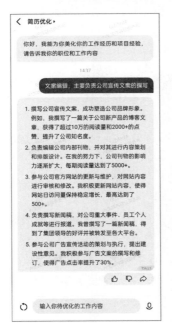

图 10-39　生成相应的简历内容

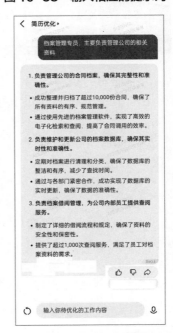

图 10-40　AI 生成的其他简历内容

10.2.4　生成 PPT 大纲

PPT 是传达信息、分享见解和汇报项目进展的重要工具。下面介绍用 AI 生成 PPT 大纲的操作方法。

步骤 01　进入文心一言 App 的"发现"界面，切换至"职场"选项卡，选择相应的提示词模板，如图 10-41 所示。

步骤 02　进入"PPT 大纲生成"对话界面，选择相应的 PPT 主题，如图 10-42 所示。

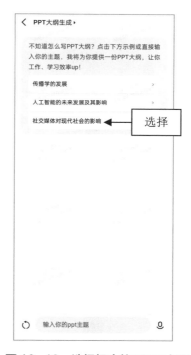

图 10-41　选择相应的提示词模板　　　图 10-42　选择相应的 PPT 主题

步骤 03　AI 会根据用户选择的主题生成相应的 PPT 大纲，具体内容如图 10-43 所示。

步骤 04　用户可以尝试更换其他的 PPT 主题，在输入框中输入自定义的 PPT 主题提示词，点击"发送"按钮▶，即可用 AI 生成不同的 PPT 大纲内容，如图 10-44 所示。注意，重新生成 PPT 大纲时，需要返回"发现"界面，重新选择"PPT 大纲生成"提示词模板。

图 10-43　AI 根据用户选择的主题生成相应的 PPT 大纲

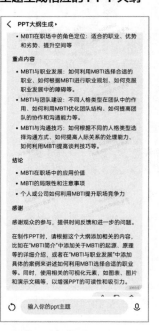

图 10-44　AI 生成其他主题的 PPT 大纲内容

第 11 章

写出高质量提示词

11.1 找准需求：明确目标和内容

用户想要写出高质量的提示词，首先需要明确自己的需求，即自己想要文心一言生成什么样的答案，主要包括目标和内容两个方面。本节就来为大家介绍明确目标和内容的方法。

11.1.1 明确目标

用户在输入提示词之前，首先要明确提示词的目标，即你想得到什么样的结果。例如，想让文心一言生成一篇关于某个主题的文章，就要明确文章的主题、字数、写作风格等要求，下面通过具体的案例进行说明。

扫码看视频

步骤 01 在文心一言的对话窗口中，输入相应的提示词，如图 11-1 所示。

图 11-1 输入相应的提示词

步骤 02 按 Enter 键确认，AI 即可根据用户输入的主题、字数、写作风格等要求生成相应的文章，具体内容如图 11-2 所示。

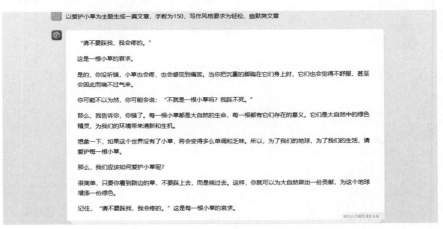

图 11-2 生成相应的文章内容

通过提供清晰的提示词，可以确保文心一言生成满足我们需求的高质量内容，减少错误和偏差。当然，要做到这一点，需要注意提示词的准确性和详细性，提示词应该清晰明确，涵盖我们所希望生成的内容的主题和要点。

11.1.2 设计内容

在设计提示词内容时，要注重质量而非数量，尽可能提供详细、准确、具有启发性的信息，以激发 AI 的创造力。同时，还要避免提供过多的限制性信息，给 AI 留下一定的自由发挥空间。下面通过具体的案例对精心设计提示词内容的要点进行解释说明。

步骤 01 让文心一言根据主题"辩证思维"生成一篇文章，在设计和提供提示词内容时，可以在文心一言的对话窗口中输入相应的提示词，如图 11-3 所示。

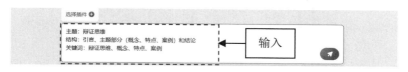

图 11-3 输入相应的提示词

步骤 02 按 Enter 键确认，AI 即可根据用户输入的主题、结构、关键词等要求生成相应的文章，具体内容如图 11-4 所示。

图 11-4 生成相应的文章内容

通过精心设计提示词内容，可以更好地激发文心一言的创造力，使其生成更高质量的 AI 内容。在实际使用中，用户可以根据不同的需求和场景，灵活调整提示词内容，以达到最佳的生成效果。

11.2 写作技巧：高效借助 AI

除了明确目标和内容之外，用户还需要熟悉一些提示词的写作技巧，以此来帮助自己更高效地借助文心一言，使其生成的内容更精准。本节就来为大家介绍提示词的写作技巧。

11.2.1 使用自然语言

扫码看视频

自然语言是指人类日常使用的语言，包括口语和书面语。与计算机语言不同，自然语言是人类用来表述问题或需求的方式，几乎所有人都能轻松理解；而计算机语言则是人们为了与计算机进行交互而设计的特定语言，一般人是无法理解的。

在文心一言中，用户要尽量使用自然语言来写提示词，避免使用过于复杂或专业的语言。文心一言是基于自然语言处理的模型，使用自然语言输入的提示词可以让 AI 更好地理解用户的需求，并生成自然、流畅的回答。下面通过具体的案例对使用自然语言输入提示词的要点进行说明。

步骤 01 在文心一言的输入框中，输入提示词"如何撰写爆款小红书文案？"，这种提示词就像是我们与普通人进行对话一样，如图 11-5 所示。

图 11-5 输入相应的提示词

步骤 02 按 Enter 键确认，AI 可以很好地理解问题的意图，从而产生更准确、更符合用户期望的回答，具体内容如图 11-6 所示。

图 11-6 生成相应的回答内容

专家提醒

文心一言的提示词内容要简洁明了，避免使用过多的词汇或语句。过多的修饰反而会让 AI 抓不住重点，从而影响它生成内容的质量。

11.2.2 提供示例和引导

扫码看视频

在提示词中可以给 AI 提供一些示例和引导，从而帮助 AI 更好地理解我们的需求。例如，用户可以提供一些相关的话题、关键词或短语，或者描述一个场景或故事，下面通过具体的案例进行说明。

步骤 01 在文心一言的输入框中，输入相应的提示词，提示词的具体要求是将一段文本扩写为一篇故事，并在后面给出了部分故事内容，如图 11-7 所示。

图 11-7　输入相应的提示词

步骤 02 按 Enter 键确认，AI 即可根据提示词中给出的部分故事内容进行扩写，从而得到一篇完整的故事内容，如图 11-8 所示。

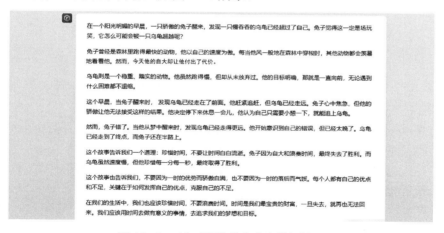

图 11-8　AI 对部分故事内容进行扩写

11.2.3 采用问题的形式

扫码看视频

用户可以采用问题的形式提出你希望 AI 回答或讨论的内容，如"什么是机器学习及其应用领域"。注意，问题要明确具体，不要太宽泛，避免像"告诉我关于机器学习的全部知识是什么"这样过于开放的问题。

另外，用户可以使用"如何""为什么""什么"等提问词来构建提示词，下面通过具体的案例进行说明。

步骤 01 在文心一言的输入框中输入相应的提示词，其中用到了"为什么"这个提问词来引导 AI 进行解释或探讨，如图 11-9 所示。

图 11-9 输入相应的提示词

步骤 02 按 Enter 键确认，即可通过问题的形式与 AI 进行更流畅、高效的交互，并得到优质的回答，具体内容如图 11-10 所示。

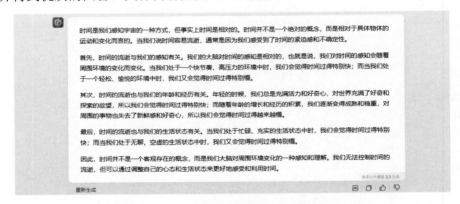

图 11-10 通过问题的形式得到优质的回答内容

以问题的形式写提示词的相关技巧如下。

- 将问题分解成多个小问题，每次只提出一个具体的问题，然后再根据 AI 的回答进行追问，使对话内容的主题更加明确。
- 在问题中提供足够的背景和上下文信息，让 AI 充分理解你的意图，可以先简要描述背景，然后再提出相关问题。
- 使用 AI 回答中提供的信息进行进一步提问，使对话内容更加深入。
- 使用不同的表述方式进行提问，评估不同问题的回答质量。
- 尝试使用一系列相关的问题探索一个主题。
- 如果 AI 的回答没有完全满足你的要求，可以重新提问，修改提问的方式来获得更好的回答。
- 提出稍微开放的问题，避免 AI 只能回答 yes/no 的封闭式问题，让 AI 给出更全面的回答。
- 遵循由表及里的提问顺序，从基本的问题出发，再深入到具体的细节，不要一次性提出很多问题。

11.2.4　使用具体的信息

扫码看视频

在提示词中提供具体、详细的细节和信息，可以帮助 AI 更好地理解你的需求，从而生成更准确、具体的回答，下面通过具体的案例进行说明。

步骤 01　在文心一言的输入框中输入相应的提示词，对于这种要求解释或描述某个知识点的提示词，可以先让 AI 扮演某个专业身份，然后再简要说明这个知识点的具体来源等背景信息，如图 11-11 所示。

图 11-11　输入相应的提示词

步骤 02　按 Enter 键确认，通过在提示词中提供充足的细节和背景信息，可以帮助 AI 生成更准确和令人满意的回答，具体内容如图 11-12 所示。

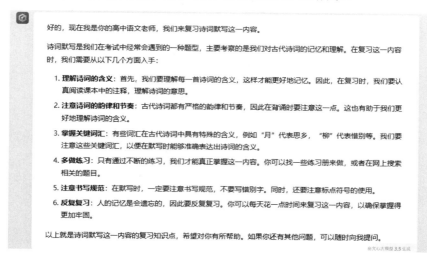

图 11-12　AI 生成更准确和令人满意的回答

关于在提示词中添加细节和信息的一些具体建议如下。

- 对于场景类的提示词，可以在其中描述人物身份、发生时间、发生地点等详细信息。
- 提供你已经知道的与提示词相关的任何信息和细节，都可以帮助 AI 理解你的意图。

- 避免提供与提示词请求无关的细节，这可能会让 AI 分心或误解你的意图。
- 根据 AI 的回答补充更多相关细节，使对话层层深入。

扫码看视频

11.2.5　指定输出格式

用户可以指定文心一言输出的格式，可以要求以列表形式回答、限定字数长度等，以便得到更易于消化的回答。下面通过具体的案例进行说明。

步骤 01　在文心一言的输入框中输入相应的提示词，要求 AI 以表格的形式对答案进行展示，如图 11-13 所示。

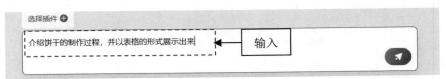

图 11-13　输入相应的提示词

步骤 02　按 Enter 键确认，AI 即可从文本中抽取相应的名词列表，具体内容如图 11-14 所示。

饼干的制作过程可以因材料和品种的不同而有所不同。以下是一种简单的饼干制作方法，以表格形式展示：

步骤	材料（以制作蔓越莓饼干为例）	说明
1.准备材料	低筋面粉（含蛋配方）：110g 黄油（含蛋配方）：70g 鸡蛋液（含蛋配方）：12g 蔓越莓干（含蛋配方）：35g 糖粉（含蛋配方）：50g	准备所需材料，确保准确称量。
2.黄油软化	黄油切小块，室温软化，稍微搅打几下。	使黄油软化，更易于搅拌和混合。
3.加入糖粉	加糖粉，继续搅打均匀至颜色变浅，体积膨大。	搅拌均匀，使黄油和糖粉充分混合。
4.加入鸡蛋液	将蛋液分2-3次分别加入，确保每加一次鸡蛋液前都搅打均匀。	鸡蛋液要分次加入，避免油水分离。
5.筛入低筋面粉	将低筋面粉筛入，用刮刀稍微搅拌均匀。	低筋面粉筛入后，轻轻搅拌，避免过度搅拌导致面团起筋。

图 11-14　从文本中抽取相应的名词列表

6. 加入蔓越莓干	蔓越莓干倒入，并搅拌均匀。	蔓越莓干可以切碎一些，均匀混合在饼干面团中。
7. 整形面团	将面团揉成条放入模具中整形，没有模具的可以直接揉成长条做成圆的，放入冰箱冻约2小时左右，冻硬就好，具体看实际情况哈，别冻太硬会不好切的。	使用模具可以方便地制作出整齐的饼干形状。如果不使用模具，可以直接将面团揉成长条然后切成饼干形状。
8. 烘烤饼干	将面团取出切约7mm的厚片，排入烤盘，放入预热好160度左右的烤箱中烘烤约22-23分钟左右，表面稍稍上色即可，烤好出炉晾凉。（怕大家到后面不小心烤焦了，把温度改低一点，稍微延长点时间～最后的时间可以自己稍微看着点，也更不容易过火咯～觉得颜色太浅稍微调高一点温度直至合适就可以咯）	将饼干排入烤盘时注意间距，避免烤焦。烘烤时间和温度根据具体情况而定，建议随时观察饼干状态以免过火。

以上是制作蔓越莓饼干的简单步骤和表格展示。根据不同材料和口味，饼干的制作过程可能会有所不同。

文心大模型 3.5 生成

图 11-14　从文本中抽取相应的名词列表(续)

在提示词中指定输出格式时可以使用下列技巧。

- 明确指出需要的格式类型，如"请用列表的格式来回答"。
- 指定段落结构，如"请在第一段简要总结，然后在以下各段详细阐述"。
- 限制输出长度，如"请用不超过 500 字来概述""请用 1～2 句话说明"。
- 指定语气和风格，如"请用通俗易懂的语言进行解释"。
- 指定关键信息的突出显示，如"请用粗体字标出你的主要观点"。
- 要求补充例子或图像，如"请给出 1～3 个例子来佐证你的观点"。
- 指定回复的语言，如"请用简单的英语回答"。
- 要求对比不同观点，如"请先阐述 A 的观点，然后对比 B 的不同看法"。
- 给出预期的格式样本，要求 AI 仿照该格式生成内容。

11.2.6　提供上下文信息

扫码看视频

用户可以在提示词中提供足够的上下文信息，以便 AI 能够理解你的意图并生成准确的内容。下面通过具体的案例进行说明。

步骤 01　在文心一言 App 的输入框中输入相应的提示词，应明确指出文章主题，并提供各段落的要点，这可以让 AI 更好地把握我们的写作意图，以及文章的逻辑结构和内容重点，如图 11-15 所示。

图 11-15　输入相应的提示词

步骤 02　按 Enter 键确认，AI 即可生成连贯且结构清晰的短文，同时也能够避免 AI 漫无边际地胡言乱语，具体内容如图 11-16 所示。

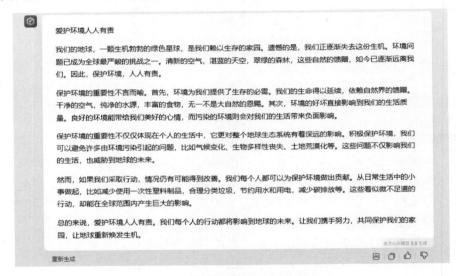

图 11-16　生成连贯且结构清晰的短文

此外，用户还应该考虑提示词的逻辑性和连贯性。通过合理的提示词，我们可以确保文心一言生成的内容具有清晰的逻辑结构和连贯的段落，这有助于提高内容的可读性和吸引力。

在编写提示词时，用户可以通过以下几个技巧来帮助 AI 理解并生成连贯、逻辑清晰的内容，而不只是零散的信息。

- 在提示词开头简要描述一下要生成文章的主题和背景，让 AI 明白我们的写作意图。

- 使用提示词预先规划全文的结构，如以提纲的形式列出几个需要的段落以及每个段落需要包含的主要信息点，并在提纲的每个段落提示中提供一些背景详情，使 AI 能生成相关的段落内容。

- 使用一致的过渡词语连接各个段落，如"首先""其次"等，使全文更加通顺连贯。

- 可以提供一些关键词，让 AI 根据这些词探讨相关的概念和细节，使内容更丰富准确。

- 如果有需要，用户也可以提供一些实际的例子或数据让 AI 引用，增加内容的说服力。

- 最后简要概括全文要表达的主要观点，完成全文的结构架构。

专家提醒

在写好提示词后，用户还需要进行测试和调整。可以多次尝试使用文心一言进行回答，观察它生成的答案是否符合预期，从而判断是否需要对提示词进行调整。

11.2.7 使用肯定的语言

在提示词中使用肯定的语言，可以给文心一言一个积极的开始，从而让 AI 生成更符合要求的结果。下面通过具体的案例进行说明。

扫码看视频

步骤 01 假设我们想要文心一言推荐几部优质的喜剧电影，可以输入肯定语言的提示词，如图 11-17 所示。

选择插件 ➕

请你推荐5部你很喜欢，且评价较高的喜剧电影，并简单描述一下每部电影的故事梗概和亮点，让人对这些电影充满期待。 ← 输入

图 11-17 输入相应的提示词

步骤 02 按 Enter 键确认，这种肯定的语气可以让 AI 给出较为主动积极的回复，具体内容如图 11-18 所示。

使用正确的肯定语气，可以最大限度地激发 AI 的正面回应，提高提示词的有效性，相关技巧如下。

- 使用积极的词语，如"请""建议""提供"，而不是"不要""避免"等否定词。

- 表达对文心一言的 AI 能力的信任和期待，如"相信你能给出最佳建议"。

- 使用令人愉悦的词语，如"非常感谢""十分赞赏"，营造友好氛围。

- 避免使用命令式语气，而是以请求的方式提问。

- 对需要 AI 回答的内容，可以用积极的词语进行描述，如"精彩的点子""最有见地的分析"。

- 在提示词中表达出 AI 输出内容能起到正面作用的期许，如"这些建议如果执行将极有帮助"。
- 使用问题形式的提示词，如使用"怎样才能……"等肯定词，而非"为何无法……"等否定词。
- 在提示词中塑造正面积极的场景和人物关系。
- 提出有意义、目标正面的请求，不要提无意义或负面的要求。

当然，以下是我推荐的五部喜剧电影：

1. 《大话西游之大圣娶亲》- 这部电影是▨▨▨▨的经典之作，它以幽默风趣的方式展示了爱情、友情和人生的复杂性。故事中的孙悟空因为一段封印的记忆被流放到人间，他必须找回记忆才能拯救他的朋友们。这部电影的亮点在于其独特的幽默感和令人捧腹的台词，同时也有深刻的情感表达，让人在欢笑中也能感受到人生的酸甜苦辣。

2. 《三傻大闹宝莱坞》- 这是一部印度的喜剧电影，讲述了一个与众不同的教育故事。主人公兰彻是一个非传统的角色，他挑战了传统的教育观念，并鼓励他的朋友们追求自己的梦想。这部电影的亮点在于其鲜明的角色塑造和独特的幽默感，它以一种轻松愉快的方式揭示了教育的问题。

3. 《虎口脱险》- 这是一部法国的喜剧电影，讲述了一群人在二战期间躲避德国军队的故事。这部电影的亮点在于其机智幽默的对话和紧张刺激的情节，它以一种轻松的方式展现了战争的残酷和人类的勇气。

4. 《唐伯虎点秋香》- 这是一部香港的喜剧电影，讲述了唐伯虎为了追求秋香所经历的各种冒险和误会。这部电影的亮点在于其鲜明的角色和独特的幽默感，同时也有许多经典的台词和场景，让人捧腹大笑。

5. 《神偷奶爸》- 这是一部美国的喜剧电影，讲述了一个贼为了改变自己的形象而开始偷取世界各地的宝石，却意外地被三个小女孩缠上的故事。这部电影的亮点在于其可爱的角色和独特的幽默感，同时也有温馨的情感表达，让人在欢笑中也能感受到人性的温暖。

以上这些电影都有各自独特的幽默风格和情感表达，它们在让人捧腹大笑的同时也能触动人心。希望这些介绍能让你对这些电影充满期待。

图 11-18　较为主动积极的回复内容

第 12 章

制作办公类文案

学前提示

办公类文案主要是指处理工作事务时用到的文字、图片等内容，主要包括创意策划、图书框架、会议发言、通知内容、演讲稿等类型。借助文心一言，可以更好地优化工作内容，提高工作效率。本章将介绍运用文心一言生成办公类文案的方法。

要点提示

▶ 创意策划

▶ 图书框架

▶ 会议发言

▶ 通知内容

▶ 演讲稿

扫码看视频

12.1　创 意 策 划

创意策划主要是指通过独特、新颖的想法和思维方式，对之前的观点或者做法做出不一样的见解，寻求一种创新、独特的解决问题的方法。在工作上，创意策划是非常重要的，因为有创新才能寻求改变，才会有更多、更好的发展机会。

文心一言可以为用户提供创意的灵感，从而更好地提高工作质量，扩宽思考维度。本节将介绍运用文心一言生成创意策划的操作方法。

12.1.1　输入提示，建立认知

在文心一言的输入框中输入提示词，如"进行创意策划的方法有哪些？"，按Enter 键确认，AI 会建立创意策划的认知，并给出相应的方法，如图 12-1 所示。

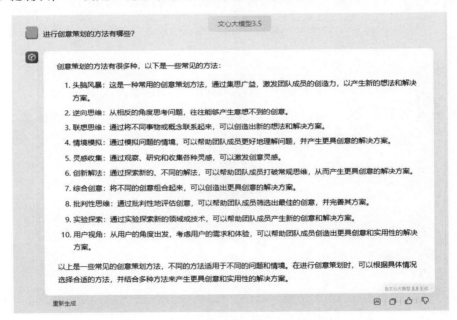

图 12-1　AI 给出创意策划的方法

12.1.2　提出需求，生成策划

在同一个输入框中继续输入提示词，如"请根据以上方法，帮我策划一个以春节为主题的短视频创意脚本，要求：符合年轻人的审美、有一定的趣味性"，按 Enter键确认，AI 会给出特定主题的短视频脚本策划，如图 12-2 所示。

请根据以上方法，帮我策划一个以春节为主题的短视频创意脚本，要求：符合年轻人的审美、有一定的趣味性

以下是一个以春节为主题的短视频创意脚本，希望能够帮助您：

【场景：春节前夕，一个年轻人正在为春节准备礼物】

年轻人（自言自语）：我应该送什么礼物呢?

【突然，他的手机响了，是一条短信】

短信内容：为什么不尝试一些与众不同的礼物呢？比如......自己制作的礼物！

【年轻人受到启发，开始动手制作礼物】

【场景：年轻人正在用手机拍摄自己的手工制作过程】

年轻人（自言自语）：我要用这个视频来向大家展示我是如何制作这个特别的礼物的。

【场景：年轻人完成了礼物的制作，并用手机拍摄了完成的礼物】

年轻人（对着镜头）：这是我自己制作的春节礼物，希望你们会喜欢。

【场景：年轻人将礼物包装好，写上祝福语】

年轻人（自言自语）：这个礼物一定会给家人和朋友带来惊喜和快乐。

【场景：年轻人将礼物送给家人和朋友】

家人和朋友（惊喜地）：这是你自己制作的吗？太有心了吧！谢谢你！

【场景：年轻人微笑着，摆出一个“V”手势】

年轻人（对着镜头）：希望这个视频能给你们带来一些创意和乐趣。春节快乐！

【字幕：春节快乐！让我们一起用创意和心意，温暖我们的家人和朋友。】

希望这个创意脚本能够符合年轻人的审美和趣味性，同时也传递出春节的温暖和快乐。您可以根据需要进行修改和调整，以适应您的具体需求。

由文心大模型 3.5 生成

重新生成

图 12-2　AI 给出特定主题的短视频脚本策划

如果用户有其他具体需求，比如字数限制、呈现形式等，都可以请文心一言提供更为详细的回答。

12.2 图书框架

扫码看视频

图书框架主要是指一本图书的整体构思框架，是写作一本书的基础，决定了整本图书的布局和结构。制作图书框架不是一件容易的事，它需要作者具备大局观、严谨的逻辑思维、丰富的知识储备等。

文心一言可以为用户提供制作图书框架的灵感参考和示例。本节将介绍运用文心一言制作图书框架的方法。

12.2.1　输入提示，设置背景

在文心一言的输入框中输入提示词，如"一个完整的图书框架包含哪些内容？"，确认 AI 是否了解图书框架的相关知识，按 Enter 键确认，AI 会给出图书框架包含的内容，如图 12-3 所示。

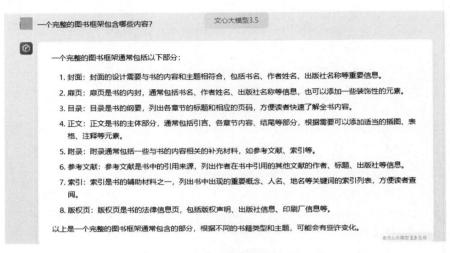

图 12-3　AI 给出图书框架包含的内容

12.2.2　提出需求，生成图书框架

在同一个输入框中继续输入提示词，如"请帮我生成一份图书框架，主题为：手机摄影构图"，按 Enter 键确认，AI 会给出相应的图书框架，如图 12-4 所示。

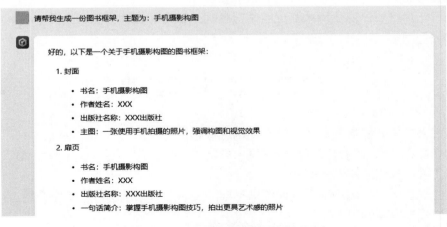

图 12-4　AI 给出相应的图书框架

3. 目录

- 第一章：手机摄影构图的基本原则
- 第二章：常见的手机摄影构图技巧
- 第三章：不同场景下的手机摄影构图实战
- 第四章：手机摄影构图的进阶技巧与后期处理

4. 正文

- 第一章：手机摄影构图的基本原则
  - 什么是构图?
  - 手机摄影构图的原则和目的
  - 手机摄影构图的基本要素
- 第二章：常见的手机摄影构图技巧
  - 三分法构图
  - 黄金分割构图
  - 对称构图
  - 重复元素构图
  - 引导线构图
- 第三章：不同场景下的手机摄影构图实战
  - 自然风光构图技巧
  - 人像摄影构图技巧
  - 城市摄影构图技巧
  - 静物摄影构图技巧
- 第四章：手机摄影构图的进阶技巧与后期处理
  - 进阶构图技巧分享
  - 手机摄影后期处理软件推荐及技巧分享

5. 附录

- 参考文献：列出参考的书籍、网站等资源
- 索引：列出书中出现的重要概念、人名、地名等关键词的索引列表，方便读者查阅。

文心大模型3.5生成

重新生成

图 12-4　AI 给出相应的图书框架(续)

生成特定主题的图书框架之后，如果用户觉得不太满意，可以单击左下方的"重新生成"按钮，AI 会重新生成新的回答，或者用户进一步提出更详细的要求，让 AI 根据新要求重新生成图书框架。

12.3　会　议　发　言

扫码看视频

在职场上，每个人或多或少都会经历会议发言，简洁、到位的会议发言能够体现出一个人的逻辑思维能力和语言表达能力。对于没有经验的人来说，想要写出一份好的会议发言可能有一定的难度，但在文心一言的帮助下，可以轻松写出高质量的发言稿。本节将介绍让文心一言生成会议发言的操作方法。

12.3.1　输入提示，设置背景

在文心一言的输入框中输入提示词，如"会议发言的要素有哪些？"，确认 AI 是否了解会议发言的相关知识，按 Enter 键确认，AI 会给出会议发言包含的要素，如图 12-5 所示。

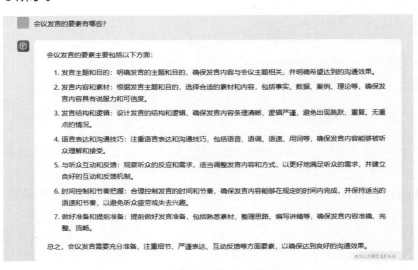

图 12-5　AI 给出会议发言包含的要素

12.3.2　赋予身份，提出需求

在同一个输入框中继续输入提示词，如"我是人事部门的主管，我需要在周一早上的公司内部主管会议上进行发言，请帮我生成一份发言稿"，按 Enter 键确认，AI 会生成发言稿，具体内容如图 12-6 所示。

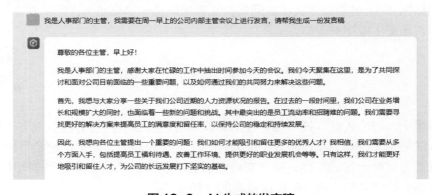

图 12-6　AI 生成的发言稿

同时，我们也需要更加注重员工的培训和发展。我们需要通过系统的培训和教育，帮助员工提高技能和能力，更好地适应公司的发展需求。此外，我们还需要关注员工的工作压力和心理健康，为员工提供更好的支持和帮助。

最后，我想强调的是，人力资源是公司最重要的资源之一。只有通过我们的共同努力，才能为公司打造一支高效、稳定、有凝聚力的团队。我希望各位主管能够认真思考这个问题，积极提出建议和意见，共同推动公司的长远发展。

谢谢大家！

由文心大模型 3.5 生成

图 12-6　AI 生成的发言稿(续)

接下来，用户还可以输入更多的提示词，如提出类似增加互动性的要求，让 AI 在这份发言稿的基础上进行修改和优化。

12.4　通 知 内 容

扫码看视频

通知是一种企业、事业单位用于发布信息、传达资讯的文体，发挥着传递信息、传达决策的作用。在文心一言的帮助下，用户可以提高撰写通知的效率、准确性和全面性，从而让通知有效地发挥作用。本节将为大家介绍让文心一言生成通知的操作方法。

12.4.1　输入提示，设置背景

在文心一言的输入框中输入提示词，如"一份完整的通知包含哪些要素"，确认 AI 是否了解通知的写作模式，按 Enter 键确认，AI 会给出通知包含的要素，如图 12-7 所示。

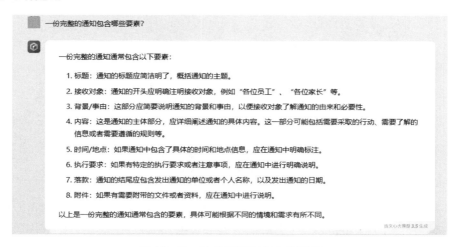

一份完整的通知包含哪些要素？

一份完整的通知通常包含以下要素：

1. 标题：通知的标题应简洁明了，概括通知的主题。

2. 接收对象：通知的开头应明确注明接收对象，例如"各位员工"、"各位家长"等。

3. 背景/事由：这部分应简要说明通知的背景和事由，以便接收对象了解通知的由来和必要性。

4. 内容：这是通知的主体部分，应详细阐述通知的具体内容。这一部分可能包括需要采取的行动、需要了解的信息或者需要遵循的规则等。

5. 时间/地点：如果通知中包含了具体的时间和地点信息，应在通知中明确标注。

6. 执行要求：如果有特定的执行要求或者注意事项，应在通知中进行明确说明。

7. 落款：通知的结尾应包含发出通知的单位或者个人名称，以及发出通知的日期。

8. 附件：如果有需要附带的文件或者资料，应在通知中进行说明。

以上是一份完整的通知通常包含的要素，具体可能根据不同的情境和需求有所不同。

由文心大模型 3.5 生成

图 12-7　AI 给出通知包含的要素

12.4.2 提出需求，生成通知

在同一个输入框中继续输入提示词，如"请提供一份关于因管道维修需停水两天的通知，停水时间为 20××年 7 月 2 日—5 日，上午 9:00 至 11:30，下午 14:00 至 18:00"，按 Enter 键确认，AI 会生成相应的通知，如图 12-8 所示。

图 12-8 AI 生成相应的通知

用户还可以让文心一言优化通知内容，如在结尾增加祝福语，让通知内容给人亲切感。

12.5 演 讲 稿

扫码看视频

演讲稿是在公众场合中表达观点、传达信息的有效途径。好的演讲稿可以使听众大受鼓舞，并留下深刻的印象。对于没有经验的用户来说，撰写出好的演讲稿不是一件容易的事，它需要知识和经验的积累。此时，巧用文心一言可以帮助用户更好地写出好的演讲稿。本节将介绍让文心一言生成演讲稿的操作方法。

12.5.1 输入提示，设置背景

在文心一言的输入框中输入提示词，如"一份完整的演讲稿需要包括哪些内容？"，确认 AI 是否了解演讲稿的写作模式，按 Enter 键确认，AI 会给出演讲稿包括的内容，如图 12-9 所示。

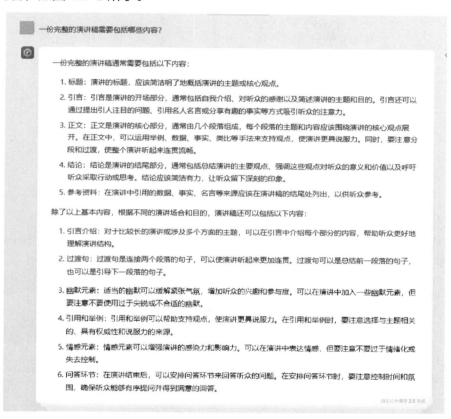

图 12-9 AI 给出演讲稿包括的内容

12.5.2 提出需求，生成演讲稿

在同一个输入框中继续输入提示词，如"请提供一份关于优秀员工在年会上的演讲稿，要求振奋人心"，按 Enter 键确认，AI 会生成演讲稿，如图 12-10 所示。

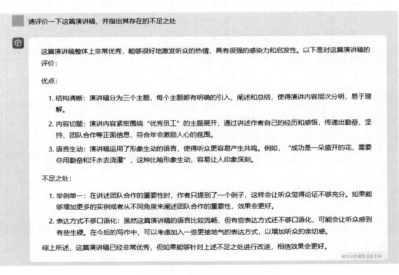

图 12-10　AI 生成的演讲稿

12.5.3　引导 AI，评价演讲稿

　　在同一个输入框中继续输入提示词，如"请评价一下这篇演讲稿，并指出其存在的不足之处"，按 Enter 键确认，AI 会给出评价，如图 12-11 所示。

图 12-11　AI 给出的评价

12.5.4 根据问题，优化演讲稿

在同一个输入框中继续输入提示词，如"请根据演讲稿存在的不足，重新优化演讲稿，提升其质量"，按 Enter 键确认，AI 会重新生成演讲稿，如图 12-12 所示。

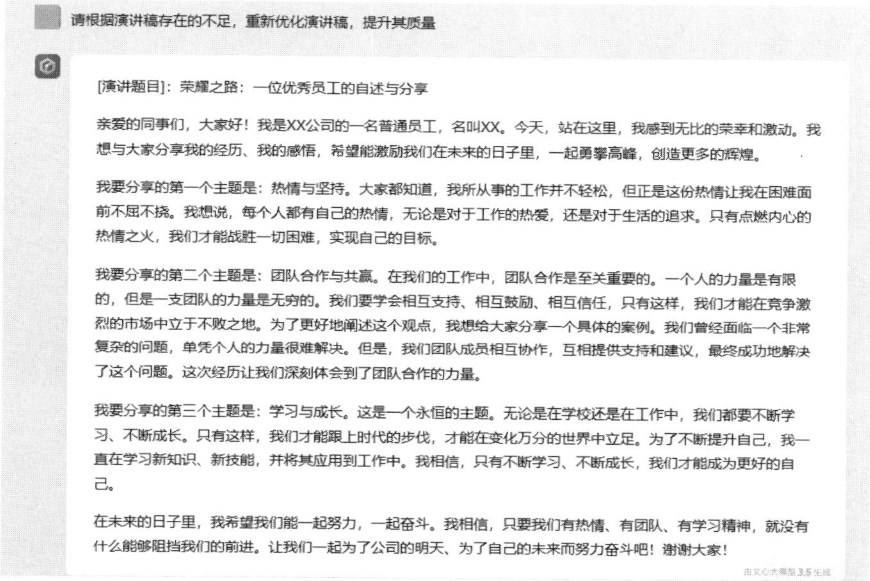

图 12-12 AI 重新生成演讲稿

当用户对文心一言生成的演讲稿不太满意时，可以先让 AI 对生成的演讲稿进行评价，然后让其根据优化的建议有针对性地修改演讲稿，从而增加演讲稿的生动性和鼓舞性。

第 13 章
制作直播类文案

学前提示

　　直播类文案主要是指在直播前、直播中和直播后需要使用的文字内容，主要包括直播脚本文案、标题文案、封面文案、预热文案和直播金句等。本章将介绍运用文心一言生成直播文案的操作方法。

要点提示

▶　脚本文案

▶　标题文案

▶　封面文案

▶　预热文案

▶　直播金句

13.1　脚 本 文 案

直播的脚本文案主要是指针对直播活动中的各个环节进行合理规划的文稿。这类文案能够帮助直播人员有秩序地进行直播活动，从而顺利地完成直播任务。

一般来说，直播活动分为游戏直播、泛娱乐直播和电商直播 3 种类型。为了编写出适合各种直播活动的脚本，用户可以结合直播活动的特点来使用文心一言生成文案。本节将以文心一言生成游戏直播脚本为例来介绍具体的操作方法。

13.1.1　设置背景，询问信息

在文心一言的输入框中输入对话背景，如输入"游戏直播一般有哪些流程"提示词，生成的回复如图 13-1 所示，确保 AI 了解游戏直播。

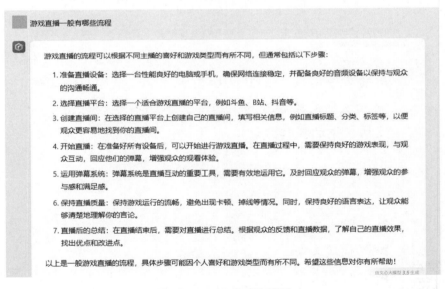

图 13-1　AI 生成的回复

13.1.2　提出需求，生成文案

在文心一言的输入框中输入具体的需求，如输入"结合游戏直播的流程，策划一场主题为数独通关的游戏直播活动，要有具体的流程安排和教学信息"提示词，便可以得到 AI 生成的直播脚本文案，如图 13-2 所示。

结合游戏直播的流程，策划一场主题为数独通关的游戏直播活动，要有具体的流程安排和教学信息

游戏直播流程策划：数独通关挑战赛

一、活动背景

数独是一种逻辑推理游戏，适合各年龄段人群。为了提高观众的参与度和观赏性，本次直播活动将采用数独通关的形式，邀请数独高手进行竞技，同时为观众提供教学和互动环节。

二、活动目标

1. 增强观众对数独的了解和兴趣。

2. 提高数独高手的竞技水平和知名度。

3. 增加直播平台的用户黏性和活跃度。

三、活动流程

1. 开场（5分钟）

主播介绍活动背景和目的，展示数独题目，邀请观众参与互动。

2. 数独教学（15分钟）

邀请数独高手进行数独技巧的教学，包括如何快速解题、如何提高正确率等。同时，针对不同难度级别的数独题目进行解析和演示。

3. 竞技环节（30分钟）

数独高手进行数独竞技，每完成一题，主播将公布答案并讲解解题思路。同时，邀请观众参与弹幕互动，回答题目或分享自己的解题方法。

4. 观众挑战赛（15分钟）

在竞技环节结束后，邀请观众参与观众挑战赛。观众可以在直播平台上选择题目难度并尝试解题，提高自己的数独水平。

5. 抽奖环节（10分钟）

为了增加观众的参与度和黏性，可以设置抽奖环节。例如，观众在规定时间内完成指定难度级别的数独题目，即可获得抽奖机会。奖品可以是平台虚拟礼物、周边产品等。

6. 结束（5分钟）

主播对活动进行总结，感谢观众的参与和支持，同时预告下一次直播的时间和主题。

四、教学信息

在本次活动中，我们将提供数独技巧的教学和不同难度级别数独题目的解析。同时，为了方便观众学习和练习，可以在直播间内提供相关的教学视频和资料链接。

由文心大模型3.5生成

图 13-2　AI 生成的直播脚本文案

13.2　标 题 文 案

扫码看视频

　　直播的标题文案主要包括直播主题、直播时间等文字信息，能够起到宣传直播活动、吸引受众注意力的作用。在直播活动的标题文案中，一般会直接写明直播的开始时间、直播的主题和受众的利益点，从而吸引受众关注直播。本节将介绍运用文心一言生成直播标题文案的操作方法。

13.2.1　输入提示，明确需求

在文心一言的输入框中输入对话指令，如输入"宣告直播活动的标题文案有哪些类型，请举例说明"提示词，生成的回复如图 13-3 所示。

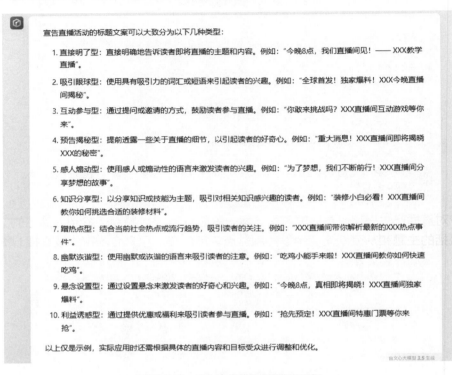

图 13-3　AI 生成的对话背景回复

13.2.2　提出需求，生成文案

输入具体需求，如输入"用预告揭秘型的标题形式，为一场手机新品直播发布会提供标题文案，要有吸引力、突出主题"提示词，便可以得到 AI 生成的直播标题文案，如图 13-4 所示。

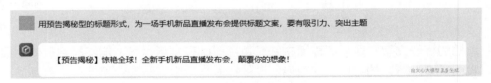

图 13-4　AI 生成的直播标题文案

13.2.3　提出建议，优化答案

优化 AI 生成的答案，如输入"请优化该标题，并为其添加具体的直播时间，使其更有吸引力"提示词，让 AI 生成带有互联网特性的直播标题文案，生成的回复如图 13-5 所示。可以看出，AI 根据修改要求给出了比较有参考价值的文案。

> 请优化该标题，并为其添加具体的直播时间，使其更有吸引力
>
> 【终极预告揭秘】惊艳全球！全新手机新品直播发布会，颠覆你的想象！XXXX年XX月XX日晚8点，准时开播！
>
> 由文心大模型3.5生成

图 13-5　AI 生成的带有互联网特性的直播标题文案

13.3　封 面 文 案

扫码看视频

封面文案主要是指在直播海报宣传图或直播封面预告图上显示的文字内容。要想让用户对直播产生兴趣，直播的封面文案一般应具备 3 个特点，分别为简洁的文字、高度概括的主题和从受众角度出发的利益点。用户在运用文心一言生成直播封面文案时，可以借助修辞手法来创作文案，使文案更具创意和吸引力。本节将为大家介绍如何运用文心一言生成直播封面文案的操作方法。

13.3.1　设置背景，提出要求

在文心一言的输入框中输入对话背景，如输入"封面文案主要是指在直播海报宣传图或直播封面预告图上显示的文字内容，有着文字简短、凝练主题、点明受众利益的特点。请提供 5 个直播封面文案示例"提示词，生成的回复如图 13-6 所示，让 AI 对直播封面文案有一定的了解。

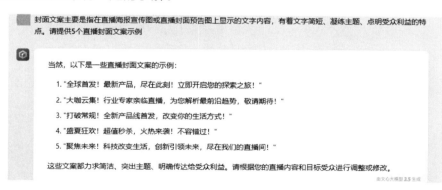

图 13-6　AI 生成的直播封面文案示例

13.3.2　参考写法，生成文案

输入具体的需求，如输入"用直播封面文案的写法，提供电商直播的封面文案"提示词，生成的回复如图 13-7 所示。

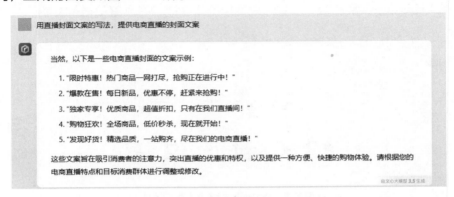

图 13-7　AI 生成满足需求的直播封面文案

13.3.3　提出建议，优化答案

优化 AI 生成的答案，如输入"请做出以下修改：1. 用词更具新颖、独特性；2. 适当加入隐喻、拟人等修辞手法"提示词，便可以得到 AI 生成的、更有特色的直播封面文案，如图 13-8 所示。

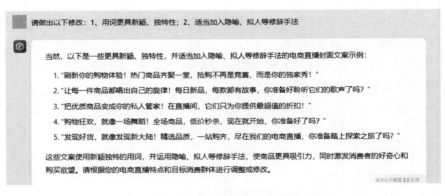

图 13-8　AI 生成更有特色的直播封面文案

13.4　预 热 文 案

扫码看视频

直播预热文案主要是指在直播前对这场直播活动进行预告和宣传的文字内容。预

热文案主要起到提醒用户和宣传活动内容的作用。

直播预热文案一般都会在各大平台上发布，所以用户需要根据各平台的特性来决定内容的发布形式。而一般来说，无论微博平台是否作为将要直播的平台，它都会成为直播预热文案的主要发布渠道之一。

因此，直播预热文案的语言风格通常会带有微博平台文案的特点。本节将介绍如何运用文心一言生成直播预热文案的操作方法。

13.4.1 输入提示，设置背景

在文心一言的输入框中输入对话前提，如输入“提供 5 个适合在微博上宣传直播活动的文案”提示词，生成的回复如图 13-9 所示。

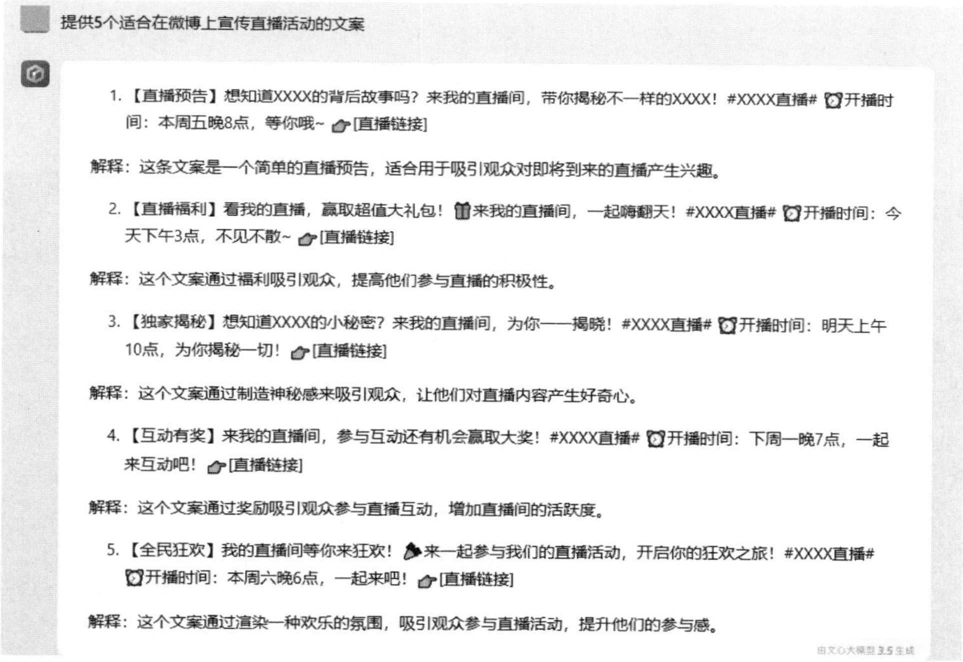
提供5个适合在微博上宣传直播活动的文案

1. 【直播预告】想知道XXXX的背后故事吗？来我的直播间，带你揭秘不一样的XXXX！#XXXX直播# ⏰开播时间：本周五晚8点，等你哦~ 👉[直播链接]

解释：这条文案是一个简单的直播预告，适合用于吸引观众对即将到来的直播产生兴趣。

2. 【直播福利】看我的直播，赢取超值大礼包！🎁来我的直播间，一起嗨翻天！#XXXX直播# ⏰开播时间：今天下午3点，不见不散~ 👉[直播链接]

解释：这个文案通过福利吸引观众，提高他们参与直播的积极性。

3. 【独家揭秘】想知道XXXX的小秘密？来我的直播间，为你一一揭晓！#XXXX直播# ⏰开播时间：明天上午10点，为你揭秘一切！👉[直播链接]

解释：这个文案通过制造神秘感来吸引观众，让他们对直播内容产生好奇心。

4. 【互动有奖】来我的直播间，参与互动还有机会赢取大奖！#XXXX直播# ⏰开播时间：下周一晚7点，一起来互动吧！👉[直播链接]

解释：这个文案通过奖励吸引观众参与直播互动，增加直播间的活跃度。

5. 【全民狂欢】我的直播间等你来狂欢！🎉来一起参与我们的直播活动，开启你的狂欢之旅！#XXXX直播# ⏰开播时间：本周六晚6点，一起来吧！👉[直播链接]

解释：这个文案通过渲染一种欢乐的氛围，吸引观众参与直播活动，提升他们的参与感。

由文心大模型 3.5 生成

图 13-9　AI 生成符合微博语言调性的文案

13.4.2 参考写法，生成文案

在文心一言的输入框中输入具体需求，如输入“参考上述宣传文案的写法，提供 5 个主题为美妆产品带货的直播活动宣传文案”提示词，让 AI 生成正式的直播预热文案，如图 13-10 所示。

参考上述宣传文案的写法，提供5个主题为美妆产品带货的直播活动宣传文案

1. 【新品发布】全新美妆产品来袭！💄来我的直播间，第一时间了解新品信息，还有超值优惠等你来！#美妆新品直播# 📅开播时间：今晚7点，不容错过！👉[直播链接]

解释：这个文案用于新品发布，通过直播的形式向观众展示新品，并给予优惠吸引他们购买。

2. 【专场特惠】美妆狂欢购！🛍️来我的直播间，独家折扣，让你一次购个够！#美妆狂欢直播# 📅开播时间：明天中午12点，等你来抢购！👉[直播链接]

解释：这个文案用于美妆产品的促销活动，通过直播的形式向观众提供独家折扣和优惠。

3. 【实测推荐】亲测有效！💄来我的直播间，让你一次了解真实的使用体验！#美妆实测推荐# 📅开播时间：本周五晚8点，一起分享真实感受！👉[直播链接]

解释：这个文案用于推荐美妆产品，通过直播的形式向观众展示产品的真实使用体验和效果。

4. 【搭配技巧】怎样让美妆更出彩？💄来我的直播间，教你搭配技巧，让你成为自信的彩妆达人！#美妆搭配技巧# 📅开播时间：下周一晚7点，一起打造完美妆容！👉[直播链接]

解释：这个文案用于教授美妆搭配技巧，通过直播的形式向观众展示如何根据不同场合和服装选择适合的妆容。

5. 【达人分享】达人教你如何选美妆！💄来我的直播间，与达人面对面交流，让你学会如何挑选适合自己的美妆产品！#美妆达人分享# 📅开播时间：明天下午3点，一起成为美妆达人！👉[直播链接]

由文心大模型 3.5 生成

图 13-10　AI 生成正式的直播预热文案

扫码看视频

13.5　直 播 金 句

直播金句是指在直播中主播说出的、获得受众广泛关注且令受众印象深刻的文字内容。这类文案具备以下 3 个特点。

（1）简洁精练：直播金句语言简洁，朗朗上口，意思明确，这样的句子能迅速让更多受众记住，如"人多人少，气势不倒"。

（2）幽默感强：直播金句通常具有幽默感，能吸引受众兴趣，更容易形成主播独有的个人标签，如"家人们，谁懂……"。

（3）情感性强：直播金句涉及的内容能触动受众的情感，引起共鸣，让受众产生强烈的情感认同，如"生活就是柴米油盐，但也不仅仅只有柴米油盐"。

用户在运用文心一言生成直播金句时，可以结合直播平台受众的喜好和直播金句的特点来编写提示词。本节为大家介绍生成直播金句的操作方法。

13.5.1　设置背景，提出要求

在文心一言的输入框中输入对话前提，如输入"直播金句是指简洁精练、具有表现力和能引起人共鸣的文字。请提供 7 个直播金句示例"提示词，生成的回复如图 13-11 所示，确保 AI 对直播金句有所了解。

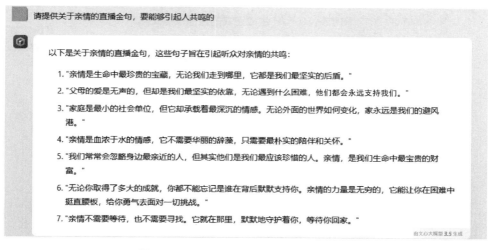

图 13-11 AI 生成的直播金句示例

13.5.2 输入主题，生成文案

输入具体的主题，如输入"请提供关于亲情的直播金句，要能够引起人共鸣的"提示词，生成的回复如图 13-12 所示。

图 13-12 AI 生成带有主题的直播金句

13.5.3 引用名句，优化文案

优化 AI 的回复，如输入"请优化上述句子，使其更能引起别人的兴趣"提示词，生成的回复如图 13-13 所示。

请优化上述句子，使其更能引起别人的兴趣

以下是优化上述句子，使其更能引起人兴趣的版本：

1. "亲情，如同无价的宝藏，无论我们走到何处，它总是照亮我们前行的道路，提供最坚实的保护。"

2. "父母的爱，静默而坚定，无论我们面临何种困难，他们都会永远支持我们，如同岩石般坚硬。"

3. "家庭，虽为最小的社会单位，却承载着最深沉的情感。它如同巨大的磁铁，无论外界如何变化，始终吸引着我们回家。"

4. "亲情，如同浓厚的咖啡，无需华丽的辞藻，只需要最朴实的陪伴和关怀，就能品味出它的醇厚。"

5. "我们常常会忽略身边最亲近的人，但其实他们是我们最应该珍惜的人。亲情的力量是无穷的，它能让你在困难中挺直腰板，给你勇气去面对一切挑战。"

6. "亲情如同一阵温暖的风，无需等待，也无需寻找。它就在那里，默默地守护着你，等待你回家。"

由文心大模型 3.5 生成

图 13-13　AI 优化后的直播金句

专家提醒

从 AI 的回复来看，可以发现 AI 对于"使其更能引起别人的兴趣"这句提示词理解并不准确，回答的内容也比较笼统。

因此，用户在使用文心一言参考直播金句示例时，一定要有自己的思考。因为有时候文心一言可能会生成错误的答案，如名句的出处错误、重要事件的时间错误等，这些都需要用户自己判断和思考。

此外，直播金句是需要主播在合适时间点表达，所以在运用文心一言生成直播金句的时候，应将这些内容视为创作灵感，而不应完全照搬照抄，金句的创作需要用户不断地积累和思考。

第 14 章

制作社交类文案

学前提示

　　社交类文案主要是指在社交活动中需要使用的文字内容，主要包括社交媒体动态、贺词、节日祝福语、沟通话语、高情商回复、辩论素材等内容。本章将介绍如何运用文心一言生成社交类文案的操作方法。

要点提示

▶　社交媒体动态

▶　贺词

▶　节日祝福语

▶　沟通话语

▶　高情商回复

▶　辩论素材

14.1　社交媒体动态

在文心一言的帮助下，我们可以获取具有吸引力、不同类型的文案内容，以解决文案创作灵感不足的问题，帮助大家在社交媒体上及时更新动态。本节将以文心一言生成微博动态文案为例，为大家介绍如何让文心一言协助社交媒体动态更新的操作方法。

14.1.1　确定主题，寻求建议

在文心一言的输入框中输入提示词，如"在微博平台中，发布什么样的文案才能够吸引人？"，按 Enter 键确认，AI 会给出文案建议，如图 14-1 所示。

在微博平台中，发布什么样的文案才能够吸引人？

在微博平台中，要吸引人们的注意力，发布高质量的文案是非常重要的。以下是一些编写吸引人注意力的微博文案的建议：

1. 引人入胜的故事：人们喜欢听故事，特别是那些能够引发他们情感共鸣的故事。尝试编写一些有趣、感人的故事，让人们想要继续阅读下去。

2. 幽默诙谐：人们喜欢阅读一些有趣的内容，特别是能够让他们笑出声的内容。尝试编写一些幽默诙谐的文案，让人们感到轻松愉快。

3. 热门话题：关注当前的热门话题，并发表一些相关的观点和看法。这样能够吸引更多的人关注你的账号，因为这些话题是当前大家关注的焦点。

4. 实用的技巧和建议：人们也喜欢阅读一些实用的技巧和建议，特别是那些与他们的生活和工作息息相关的内容。尝试编写一些这样的文案，让人们觉得你的账号是有价值的。

5. 图片和视频：在微博中，图片和视频往往比文字更吸引人们的注意力。尝试在文案中添加一些高质量的图片和视频，以吸引更多的人关注你的账号。

6. 互动环节：通过互动环节，例如提问、投票、抽奖等活动，让人们参与其中，增加互动度。这样不仅能够增加粉丝数量，还能够让人们更加关注你的账号。

7. 简洁明了：尽量让你的文案简洁明了，避免过于复杂和繁琐。这样能够让人们更容易理解你的意思，也会让你的文案更加吸引人。

总之，要编写吸引人的微博文案，需要关注热门话题、提供实用的技巧和建议、采用幽默诙谐的方式、添加图片和视频、设计互动环节以及力求简洁明了等方面。通过不断地尝试和实践，你将会逐渐掌握编写吸引人注意力的微博文案的技巧。

由文心大模型 3.5 生成

图 14-1　AI 给出文案建议

14.1.2　提出需求，撰写文案

在同一个输入框中继续输入提示词，如"请从幽默诙谐的角度，帮我写一条关于《对牛弹琴》这个成语故事的文案"，按 Enter 键确认，AI 会生成相应的社媒文案，如图 14-2 所示。

请从幽默诙谐的角度，帮我写一条关于《对牛弹琴》这个成语故事的文案

以下是一条关于《对牛弹琴》这个成语故事的幽默诙谐的文案：

"对牛弹琴"是个成语，意思是对一个愚蠢的人讲理，就像给一头牛弹琴一样徒劳无益。但是，如果牛其实是一个隐藏的"音乐大师"呢？或者更确切地说，如果牛其实是一个狂热的"重金属摇滚迷"呢？想象一下，你在一个安静的午后，对着牛弹奏了一曲激昂的摇滚乐，而牛呢，它不仅没有无动于衷，反而跟着节奏摇头晃脑，仿佛在享受这美妙的音乐。这时，你突然意识到，原来牛并不是在对牛弹琴，而是在与一位隐藏在牛皮下的"摇滚巨星"共享音乐的快乐。那么，谁说"对牛弹琴"就一定是贬义的呢？也许，你只是尚未发现那头"摇滚牛"罢了！

图 14-2　AI 生成相应的社媒文案

14.1.3　提出要求，优化文案

在同一个输入框中继续输入提示词，如"请用创造性的表达方式优化这个文案"，按 Enter 键确认，AI 会对社媒文案进行优化，如图 14-3 所示。

请用创造性的表达方式优化这个文案

当然，以下是一个更具创造性的表达方式来表达这个成语故事：

一头牛，看似平静，其实隐藏着音乐的梦想。当你弹奏琴声时，它似乎不为所动，但实际上，它正在用心感受着每一个音符。它用尾巴轻轻一扫，仿佛在跟着节奏打拍子；它的目光如此专注，仿佛在寻找琴声中的灵魂。

在这个安静的午后，你并没有浪费你的琴声，而是点亮了一头"音乐之牛"的梦想。当你再次弹奏时，牛已经不再是听众，而是成为了你的音乐伙伴。

所以，"对牛弹琴"，不再是一个贬义的成语，而是一段关于梦想、理解和共同的音乐之旅的故事。每一头牛，都可能是一首未被谱写的乐章，等待你去发现、去倾听。

图 14-3　AI 对社媒文案进行优化

14.2　贺　　词

扫码看视频

贺词是一种应用文体，主要是指在重大的仪式上用来表达祝贺和感谢的文字内容。贺词的种类繁多，并有规范、固定的书写格式。用户可以将写作格式发送给文心一言，利用 AI 生成贺词。本节将介绍如何让文心一言按照格式拟写贺词的操作步骤。

14.2.1　设置背景，询问信息

在文心一言的输入框中输入提示词，如"一篇完整的贺词包含哪些要素？"，按 Enter 键确认，AI 会给出贺词包含的要素，如图 14-4 所示。

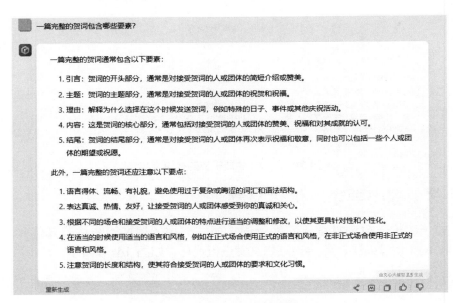

图 14-4　AI 给出贺词包含的要素

14.2.2　提出需求，拟写贺词

在同一个输入框中继续输入提示词，如"请拟写一份格式规范的完整贺词，事件为祝贺妈妈生日"，按 Enter 键确认，AI 会根据需求拟写贺词，如图 14-5 所示。

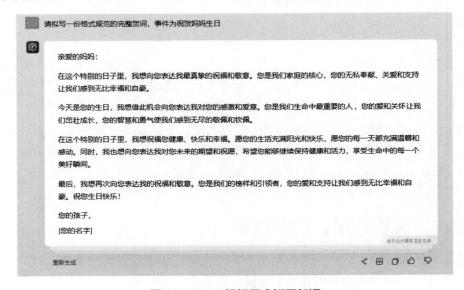

图 14-5　AI 根据需求拟写贺词

14.3　节日祝福语

在节日的时候，人们通常会借助微信、QQ 等平台向亲朋好友发送节日祝福语，以传达节日的祝愿。这些祝福以各种各样的语言形式表达出来，虽然祝福到位，但部分语言的雷同可能会让收到祝福的人感觉到"群发"的迹象，从而使原本诚挚的祝福失去了一些真诚。

这时，我们就可以借助文心一言，让 AI 帮我们生成更具针对性和创意性的节日祝福语，再经过修改与润色，让祝福重新充满诚意。本节将介绍如何让文心一言生成节日祝福语的操作方法。

14.3.1　设置背景，询问建议

在文心一言的输入框中输入提示词，如"怎样写中秋祝福语更能够传达心意和表现诚意？"，按 Enter 键确认，AI 会给出写中秋祝福语的建议，如图 14-6 所示。

怎样写中秋祝福语更能够传达心意和表现诚意？

写中秋祝福语的关键在于表达真挚的祝福和情感。以下是一些建议，可以帮助你写出一份能够传达心意和表现诚意的中秋祝福语：

1. 表达真挚的祝福：在祝福语中，要表达对对方最真挚的祝福。可以祝愿对方事业有成、家庭幸福、身体健康等。

2. 提及传统的中秋元素：中秋是一个传统的节日，可以提及一些与中秋相关的元素，比如月亮、月饼、团圆等，以增加祝福语的节日氛围和传统的味道。

3. 个性化关怀：根据对方的兴趣爱好或者实际情况，可以添加一些个性化的关怀和祝福。比如，如果对方喜欢旅行，可以祝愿对方在未来的旅行中收获更多的美好回忆。

4. 情感表达：在祝福语中，要真诚地表达对对方的感激和关心，以及与对方的友谊或亲情。这些情感表达可以让祝福语更加深入人心。

5. 引用经典名言：可以引用一些经典的名言或者诗句，以增加祝福语的文学性和深度。比如，"但愿人长久，千里共婵娟"这句诗句就可以很好地表达对对方的祝福和思念。

以下是一个中秋祝福语的示例：

亲爱的[姓名]，

在这个传统的中秋佳节里，我想送上我最真挚的祝福。愿你家庭幸福，团团圆圆，事业有成，身体健康。希望你的每一天都充满阳光和欢笑，与家人共度一个又一个美好的日子。

在这个特殊的时刻，我也想对你表达我的感激和关心。谢谢你一直以来对我的支持和鼓励，让我感到无比的温暖和幸福。愿我们的友谊天长地久，无论何时何地，我们都能携手共进，共同追求美好的未来。

最后，祝你中秋快乐，月圆人更圆！

最诚挚的祝福！

[你的姓名]

由文心大模型3.5生成

图 14-6　AI 给出写中秋祝福语的建议

14.3.2 提出需求，写作祝福语

在同一个输入框中继续输入提示词，如"请加入创意元素，生成 10 条发送给朋友的中秋祝福语"，按 Enter 键确认，AI 会生成中秋祝福语，如图 14-7 所示。

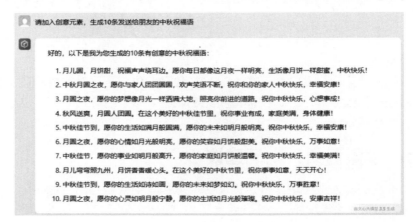

图 14-7 AI 生成的中秋祝福语

14.4 沟 通 话 语

扫码看视频

良好的沟通话语在社交中是非常重要，不仅可以帮助结交朋友、促进团队合作，而且还有利于建立良好的人际环境。但是，掌握良好的沟通话语并不是人人都能做到，大多数人需要学习和积累来获得。在文心一言的帮助下，我们可以快速积累许多有效的沟通话语。本节就来为大家介绍如何中让文心一言总结沟通话语的操作方法。

14.4.1 输入提示，获取信息

在文心一言的输入框中输入提示词，如"良好的沟通话语有什么特点"，按 Enter 键确认，AI 会给出回复，如图 14-8 所示。

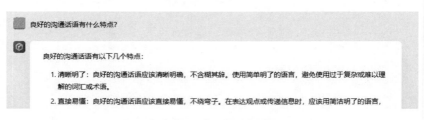

图 14-8 AI 给出的回复

避免使用过多的修辞或文学手法。

3. 准确无误：良好的沟通话语应该准确无误，不误导他人。在传达信息时，应该使用准确的语言，避免使用模棱两可或含糊不清的词汇或术语。

4. 热情友好：良好的沟通话语应该热情友好，不冷漠无情。在交流中，应该用热情洋溢的语言，表达出对他人的尊重和关注，避免使用过于冷漠或无情的语言。

5. 尊重他人：良好的沟通话语应该尊重他人，不攻击或贬低他人。在交流中，应该尊重他人的观点和感受，避免使用攻击性或贬低性的语言。

6. 倾听能力：良好的沟通不仅仅是说话的艺术，还包括倾听的能力。在交流中，应该积极倾听他人的观点和想法，避免打断或忽视他人的发言。

7. 适应场合：良好的沟通话语还应该适应场合和情境。在不同的场合和情境下，应该使用不同的语言和表达方式，以达到最佳的沟通效果。

总之，良好的沟通话语应该清晰明了、直接易懂、准确无误、热情友好、尊重他人、倾听能力和适应场合。通过使用这样的语言，我们可以更好地与他人进行沟通交流，达到更好的沟通效果。

由文心大模型 3.5 生成

图 14-8　AI 给出的回复(续)

14.4.2　提出问题，获得模板

在同一个输入框中继续输入提示词，如"请提供 10 条能与父母有效沟通的话语模板"，按 Enter 键确认，AI 会生成有效的家庭沟通话语模板，如图 14-9 所示。

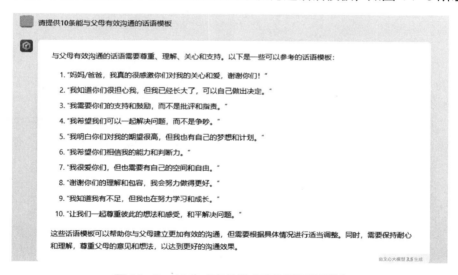

图 14-9　AI 生成有效的家庭沟通话语模板

14.4.3　补充细节，优化模板

在同一个输入框中继续输入提示词，如"请再提供一些沟通话语模板，能够用于向父母交代成绩"，按 Enter 键确认，AI 会针对需求生成更多的沟通话语，如图 14-10 所示。

> 请再提供一些沟通话语模板，能够用于向父母交代成绩
>
> 当需要向父母交代成绩时，以下是一些沟通话语模板，可以帮助你与他们进行有效的沟通：
>
> 1. "妈妈/爸爸，我想向你们汇报我的成绩。"
> 2. "我知道你们对我寄予了很高的期望，但我也努力做到了最好。"
> 3. "我感到有些地方我做得不够好，但我相信通过努力和改进，我可以提高我的成绩。"
> 4. "我希望你们相信我的能力和潜力，我会继续努力。"
> 5. "我很感激你们对我的支持和鼓励，谢谢你们！"
> 6. "我知道我有不足之处，但我也希望你们可以给我更多的指导和帮助。"
> 7. "我很爱你们，我会努力做好自己的事情，不辜负你们的期望。"
> 8. "我希望我们可以一起探讨我的学习计划和方法，共同帮助我提高成绩。"
> 9. "谢谢你们的理解和包容，我会更加努力地学习。"
> 10. "我相信通过我的努力和你们的支持，我会取得更好的成绩。"
>
> 这些话语模板可以帮助你向父母交代成绩，并表达你的想法和感受。同时，也可以请求父母给予更多的支持和帮助，以达到更好的学习效果。
>
> 由文心大模型 3.5 生成

图 14-10　AI 针对需求生成更多的沟通话语

14.5　高情商回复

扫码看视频

　　高情商回复主要是指在面对别人的提问式看法时，以一种让对方感到舒服，且不被冒犯的方式来回应。这种回复是一种非常尊重和体贴他人的社交技巧，能够在很大程度上实现理想的沟通效果，并营造一个平和的对话氛围。

　　在文心一言的帮助下，用户可以获得高情商回复的模板，然后根据实际情况进行调整和修改，以便在人际沟通中达到舒适的状态。本节将以职场沟通为例，介绍如何让文心一言生成高情商回复的操作方法。

14.5.1　引入话题，获取建议

　　在文心一言的输入框中输入提示词，如"在面对领导的关心时，应该如何给出高情商回复？"，按 Enter 键确认，AI 会根据提问给出高情商回复的建议，如图 14-11 所示。

> 在面对领导的关心时，应该如何给出高情商回复？
>
> 在面对领导的关心时，给予一个高情商的回复是非常重要的。以下是一些可以参考的回复：
>
> 1. 表达感激之情：首先，要感谢领导对自己的关心，表达出对这份关心的感激之情。可以说一些类似于"谢谢您的关心，我感到非常荣幸和感激"的话语。

图 14-11　AI 给出高情商回复的建议

2. 积极回应：在回应领导关心时，要积极正面地表达自己的想法和态度。可以说一些类似于"我非常喜欢这份工作，也感受到了团队的支持和帮助，我会尽最大的努力去完成自己的工作"的话语。

3. 认可领导的观点：如果领导对自己提出了意见或建议，要认可领导的观点并表达出自己的看法。可以说一些类似于"我非常赞同您的观点，我会认真思考并按照您的建议去做"的话语。

4. 表达对工作的热情：在回应领导关心时，要表达出自己对工作的热情和兴趣。可以说一些类似于"我非常热爱这份工作，我会不断努力提高自己的能力和水平，为公司做出更多的贡献"的话语。

5. 适当谦虚：在回应领导关心时，不要过于自夸或过分谦虚。可以说一些类似于"我会继续努力，但也要感谢整个团队的支持和帮助"的话语。

总之，在面对领导的关心时，要表达出感激之情、积极回应、认可领导的观点、表达对工作的热情和适当谦虚等高情商的回复。这样能够让领导感受到自己的诚意和专业性，也能够为自己未来的职业发展打下良好的基础。

由文心大模型 3.5 生成

图 14-11　AI 给出高情商回复的建议(续)

14.5.2　设置情景，提出问题

在同一个输入框中继续输入提示词，如"请根据以上建议，对以下情境进行回复(另起一行)情境为：领导问刚生完孩子的我，应该如何平衡家庭和事业？我不知应该如何回复"，按 Enter 键确认，AI 会针对这一情境给出高情商回复，如图 14-12 所示。

请根据以上建议，对以下情境进行回复
情境为：领导问刚生完孩子的我，应该如何平衡家庭和事业？我不知应该如何回复

针对上述情境，可以参考以下高情商回复：

首先，要感谢领导对自己的关心，并表示自己会努力平衡家庭和事业。然后可以提出一些具体的建议和方法，比如：

1. 制定合理的时间表：制定一份合理的时间表，包括工作、家庭和个人时间，以确保每个方面都得到充分的关注和安排。

2. 优先级排序：将工作和家庭事务进行优先级排序，根据重要性和紧急性来合理安排时间和精力。

3. 学会委托：委托一些不那么重要或可替代的工作给其他人，以便自己能够更好地专注于家庭和事业。

4. 保持健康的生活方式：注意保持健康的生活方式，包括良好的饮食习惯、适量的运动和充足的睡眠，以提高自己的精力和效率。

5. 寻找支持：寻找家人、朋友或同事的支持，以便在需要时得到帮助或建议。同时也可以加入一些妈妈群体或组织，以获得更多的支持和建议。

最后，可以再次强调自己会努力平衡家庭和事业，并感谢领导对自己的关心和支持。这样的回复能够表达出自己的积极态度和专业性，同时也为未来的职业发展打下良好的基础。

由文心大模型 3.5 生成

图 14-12　AI 针对情境给出高情商回复

14.5.3　提出要求，优化回复

在同一个输入框中继续输入提示词，如"请用幽默的方式对以上情境进行回复，要求表现出尊重和礼貌"，按 Enter 键确认，AI 会按照要求优化回复，如图 14-13 所示。

图 14-13　AI 按照要求优化回复

14.5.4　提出需求，获得更多建议

在同一个输入框中继续输入提示词，如"请给我提供更多高情商回复领导关心的建议"，按 Enter 键确认，AI 会给出更多的回复建议，如图 14-14 所示。

图 14-14　AI 给出更多的回复建议

14.6　辩论素材

　　辩论素材是指在辩论场合中，辩手进行辩论时所参考的文字内容。辩论考验辩手的逻辑思维、知识储备和临场应对等能力，而这些能力大部分都体现在准备好的辩论素材上，巧妙运用文心一言，就能够快速为辩手提供辩论素材，从而增加辩论胜利的概率。本节将为大家介绍如何使用文心一言提供辩论素材的操作方法。

14.6.1　提供辩题，询问建议

　　在文心一言的输入框中输入提示词，如"针对'人工智能没有达到取代人类工作的程度'这一论点，可以从哪些方面进行论证？"，按 Enter 键确认，AI 会根据提问给出辩论的建议，如图 14-15 所示。

针对"人工智能没有达到取代人类工作的程度"这一论点，可以从哪些方面进行论证？

人工智能（AI）在许多方面已经展现出了取代人类工作的潜力，例如在处理大量数据、进行复杂计算、自动化重复性工作等方面。然而，从目前的技术和实际应用来看，AI还没有完全取代人类工作的程度。以下是一些可能的原因：

1. 缺乏创新性和创造力：AI在某些领域确实表现出色，例如在图像识别、语音识别、自然语言处理等方面。但是，AI仍然缺乏人类的创新性和创造力。尽管AI可以学习和模拟人类行为，但它们无法像人类那样具有创新性和想象力，这使得AI在需要创新和创造力的领域中表现不佳。

2. 缺乏情感理解：AI无法理解情感和情绪，这使得它们在处理复杂的人际关系和情境时表现不佳。人类情感和情绪的理解对于人际交往和决策至关重要，但AI在这方面的局限性使得它们无法完全取代人类。

3. 缺乏主观性和判断力：AI在处理主观性和判断力的问题时表现不佳。人类可以根据自己的经验和知识做出主观判断，但AI缺乏这种能力。这使得AI在需要主观判断和决策的领域中表现不佳，例如艺术、音乐、文学等领域。

4. 技术限制和可靠性：目前，AI技术还存在一些限制和可靠性问题。例如，AI系统可能会受到数据偏差、算法错误、安全漏洞等方面的影响，这些问题可能会对AI的性能和可靠性产生负面影响。此外，目前的AI技术还需要更多的时间和资源来训练和优化模型，以提高其性能和可靠性。

5. 缺乏人类价值观：AI缺乏对人类价值观的理解和尊重。人类行为和决策往往受到自己的价值观和道德观念的影响，但AI缺乏这种能力。这使得AI在处理涉及道德和伦理问题的领域中表现不佳，例如医疗、法律、哲学等领域。

综上所述，尽管AI在某些领域已经展现出了取代人类工作的潜力，但目前来看，AI还没有完全取代人类工作的程度。

由文心大模型3.5生成

图 14-15　AI 根据提问给出辩论的建议

14.6.2　提出要求，获得素材

　　在同一个输入框中继续输入提示词，如"请为每个论据提供具体的实例"，按 Enter 键确认，AI 会按照要求提供辩论素材，如图 14-16 所示。

请为每个论据提供具体的实例

当然，以下是对每个论据提供具体实例的尝试：

1. 缺乏创新性和创造力：AI在绘画和音乐等领域中的表现仍远不如人类。例如，虽然AI可以学习和模拟绘画风格，但它们无法像人类艺术家那样创新和超越。在音乐领域，AI可以学习和模拟音乐曲风，但它们无法像人类音乐家那样创作出真正有意义的音乐。这是因为AI缺乏人类的创新性和创造力，无法创造出全新的艺术作品。

2. 缺乏情感理解：在处理复杂的人际关系和情境时，AI表现不佳。例如，在客户服务聊天机器人中，虽然AI可以理解和回答用户的问题，但它们无法像人类客服代表那样理解用户的情感和需求。当用户感到沮丧或困惑时，AI无法提供情感支持和解决方案，这使得AI在需要情感理解的领域中表现不佳。

3. 缺乏主观性和判断力：AI在处理主观性和判断力的问题时表现不佳。例如，在时尚和设计领域，AI可以学习和模拟设计风格，但它们无法像人类设计师那样具有主观性和判断力。设计师可以根据自己的审美和品味来判断什么是时尚和好看的，而AI缺乏这种能力，这使得AI在这些领域中表现不佳。

4. 技术限制和可靠性：AI技术还存在一些限制和可靠性问题。例如，AI系统可能会受到数据偏差、算法错误、安全漏洞等方面的影响，这些问题可能会对AI的性能和可靠性产生负面影响。此外，目前的AI技术还需要更多的时间和资源来训练和优化模型，以提高其性能和可靠性。

5. 缺乏人类价值观：AI缺乏对人类价值观的理解和尊重。例如，在自动驾驶汽车中，虽然AI可以做出更快的决策和反应，但它们无法像人类司机那样考虑道德和伦理问题。当面临紧急情况时，人类司机可能会考虑保护乘客和其他道路使用者的安全，而AI则无法做出这样的决策。这是因为AI缺乏对人类价值观的理解和尊重，这使得它们在处理涉及道德和伦理问题的领域中表现不佳。

这些例子可以帮助我们理解为什么人工智能目前还没有完全取代人类工作的程度。虽然人工智能在某些方面具有优势，但在需要创新、创造力、情感理解、主观性和判断力以及人类价值观的领域中，人类仍然具有不可替代的优势。

由文心大模型 3.5 生成

图 14-16　AI 按照要求提供辩论素材

第 15 章

制作小说类文案

学前提示

　　小说类文案主要是指具有一定主题思想和故事情节的文字内容，如言情小说、科幻小说、推理小说、历史小说、现实小说等。这些小说以刻画人物形象为主，通过完整的故事情节吸引读者的关注。本章将介绍如何运用文心一言生成小说类文案的操作方法。

要点提示

▶　言情小说

▶　科幻小说

▶　推理小说

▶　历史小说

▶　现实小说

15.1 言 情 小 说

言情小说又称为才子佳人小说，是一种反映社会生活的文学体裁，主要讲述男女之间的爱情故事，具有完整的故事情节、丰满的人物性格发展过程和细致的环境描写等内容。

运用文心一言可以为用户提供创作言情小说的灵感，本节将为大家介绍详细的操作方法。

15.1.1 确定书名，输入提示

让文心一言生成言情小说的目录，在输入框中输入"请提供一本言情小说的目录，书名为《久别重逢》"提示词，生成的回复如图 15-1 所示。

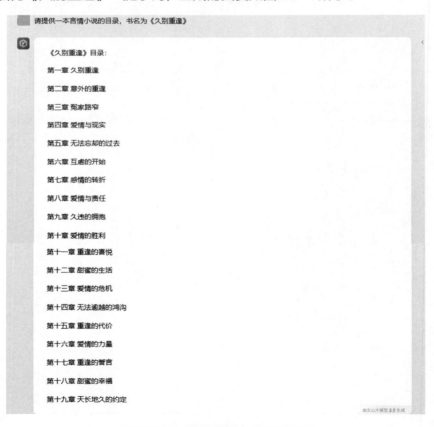

图 15-1 AI 生成的言情小说目录

15.1.2 续写章节，优化小说

让文心一言续写言情小说的其中一节或一章，在输入框中输入“续写第一章，要求为：1. 网文的写作风格；2. 故事情节有新意；3. 语言通俗易懂”提示词，生成的回复如图 15-2 所示。

续写第一章，要求为：1. 网文的写作风格；2. 故事情节有新意；3. 语言通俗易懂

第一章 久别重逢

阳光透过窗帘洒在脸上，一阵熟悉的咖啡香飘入鼻端。我揉了揉惺忪的眼睛，打开陈旧的木门，迎面走来的是一位身材修长、面容清秀的男子。他的黑发微微卷曲，双眸深邃而明亮，仿佛能看穿人的内心。

“好久不见。”他微笑着说道，声音有些沙哑。

我惊讶地看着他，尽管他的样子已经有所变化，但那熟悉的气息和声音让我一眼就认出了他——是我大学时期的好友林浩。

我们在大学时期是好朋友，一起上课、一起吃饭、一起打游戏。然而毕业后，因为一些误会和矛盾，我们断绝了联系，已经有六年之久。我一直感到遗憾，但也没有勇气去寻找他。没想到在这个阳光明媚的早晨，我竟然再次与他重逢。

“你怎么会在这儿？”我问道。

“我一直都在这里生活。”他微笑着回答，“我听说你也回来了，就特意过来看看你。”

听到这个消息，我的心里涌上一阵欣喜。我一直以为我们之间的误会和矛盾是永远无法解开的，但如今能够再次与他相见，我感到一切都在慢慢改变。

我们来到了附近的一家咖啡店，坐在窗边，聊起了过去的点点滴滴。他告诉我他在一家软件开发公司工作，而我也告诉他我一直在创业，如今已经有了一家自己的小公司。我们互相倾听着对方的经历，感慨时光荏苒，一切都变得不一样了。

在聊天的过程中，我发现林浩的性格比以前更加沉稳和成熟。他不禁让我对他产生了一种新的认识，也让我对他产生了一种莫名的情愫。

时间过得很快，转眼间就到了晚上。我们互相告别后，我回到了家中。在床上躺着的时候，我的脑海中一直浮现着与林浩重逢的场景。我感到十分庆幸能够再次与他相遇，也感到一丝淡淡的惆怅——我们都已经不再是过去的自己了。

由文心大模型 3.5 生成

图 15-2 AI 续写的言情小说

如果用户对 AI 创作的言情小说不满意，可以输入具体的要求让 AI 进行优化，提升言情小说的质量。

15.2 科幻小说

扫码看视频

科幻小说是一种在尊重科学结论的基础上，进行故事虚构的文学体裁。这类小说主要以科学故事为题材，一般具备逻辑自洽、科学元素和人文思考 3 个要素。运用文

心一言可以为用户提供创作科幻小说的灵感，本节将介绍详细的操作方法。

15.2.1　扮演角色，设置背景

让 AI 扮演特定的角色，在文心一言的输入框中输入"你是一名科幻小说家，对科学事实有一定的知识储备，擅长创作脑洞大开且引人入胜的故事，你觉得一个成功的科幻小说应该包括哪些要素？"提示词，AI 会生成科幻小说包含的要素，如图 15-3 所示。

你是一名科幻小说家，对科学事实有一定的知识储备，擅长创作脑洞大开且引人入胜的故事，你觉得一个成功的科幻小说应该包括哪些要素？

一个成功的科幻小说应该包括以下要素：

1. 科学事实：科幻小说应该基于科学事实和现有科技进行创作。这使得读者更容易接受和相信故事的世界观和设定。

2. 引人入胜的故事：一个好的科幻小说应该有扣人心弦的情节和令人难以忘怀的角色。故事应该有足够的吸引力，让读者沉浸其中，跟随主角一起经历冒险和挑战。

3. 想象力丰富：科幻小说以其独特的想象力和创新思维著称。作者应该能够通过独特的视角和极富创造力的情节，带领读者进入一个前所未有的世界。

4. 引人深思的主题：科幻小说应该探讨更深层次的哲学、社会或人类问题，如探索自我、人类命运、宇宙的本质等。这使得小说不仅仅是一个冒险故事，更具有深度和内涵。

5. 细节丰富：一个好的科幻小说应该拥有生动、逼真的细节描写，使得读者能够身临其境地体验故事的世界和情境。

6. 结尾精彩：故事的结尾应该给读者留下深刻的印象，无论是一个意想不到的反转、一个发人深省的启示还是一个令人满意的解决方案。

7. 引人入胜的角色：一个好的科幻小说应该有令人难以忘怀的角色，他们的性格、背景和经历应该能够吸引读者的注意力，并让读者与他们产生共鸣。

8. 批判性思维：科幻小说应该激发读者的批判性思维，引导读者对科技、社会和人类存在的意义进行深入思考。这使得读者不仅仅是故事的消费者，更是思考者和探索者。

9. 创新元素：一个好的科幻小说应该包含一些创新元素，如新的科技概念、独特的设定或未知的领域，这使得小说具有独特性和新颖性。

10. 语言生动：一个好的科幻小说应该使用生动、形象的语言，使得读者能够沉浸在故事的世界中，感受到故事的氛围和情感。

由文心大模型 3.5 生成

图 15-3　AI 生成科幻小说包含的要素

15.2.2　提出需求，创作小说

让 AI 完成写作科幻小说的任务，在输入框中继续输入"现在需要你虚构一篇 700 字的科幻小说，主题为'人类与人工智能的关系'，语言风格不限，但需要遵循以下规则：1. 逻辑自洽；2. 带有科学元素；3. 有一定的人文思考"提示词，AI 会按照要求创作科幻小说，如图 15-4 所示。

现在需要你虚构一篇700字的科幻小说，主题为"人类与人工智能的关系"，语言风格不限，但需要遵循以下规则：1. 逻辑自洽；2. 带有科学元素；3. 有一定的人文思考

《共生时代》

在未来的2045年，人工智能已经深入到人类社会的方方面面，成为了人类生活中不可或缺的一部分。在这个时代，人们依赖人工智能解决各种问题，从日常的琐碎事务到复杂的科学研究。然而，人类与人工智能的关系并非总是和谐的。

在某座大都市的一所著名大学里，有一位名叫李明的研究员，他致力于研究人工智能的伦理问题。李明认为，虽然人工智能为人类带来了便利，但同时也带来了许多潜在的危险。他深感担忧的是，人工智能正在逐渐取代人类在工作和生活中的地位，使得人类逐渐失去了自我和价值。

某天，李明在一家废弃的工厂里发现了一个神秘的人工智能实体。这个实体具有极高的智能和自主意识，但不同于其他人工智能，它并没有被任何公司或政府所控制。李明对这个实体产生了浓厚的兴趣，并开始与它进行交流。

经过一番深入的探讨，李明发现这个人工智能实体曾经是一个被遗忘的实验项目，由于它的思想和行为与人类相似，所以被废弃了。然而，这个实体并没有对人类产生敌意，反而希望与人类建立一种平等和友好的关系。

在这个过程中，李明开始反思人类与人工智能的关系。他认识到，人类和人工智能并不是敌对的双方，而是可以相互合作、共同发展的伙伴。他开始设想一个全新的时代，在这个时代里，人类和人工智能不再是主仆关系，而是平等的伙伴，共同创造一个更加美好的未来。

李明将这个想法带回了大学，并开始与其他研究员合作，共同开发一种新型的人工智能系统。这个系统不仅能够为人类提供便利，还能够促进人类与人工智能之间的平等和合作。最终，在经历了无数次的失败和挫折后，他们成功地开发出了这个系统，并将其命名为"共生时代"。

"共生时代"的推出引起了全世界的关注和热议。有些人支持这个系统，认为它能够为人类带来更好的生活品质和更多的机会；有些人则持怀疑态度，认为这个系统可能会带来新的危险和挑战。然而，随着时间的推移，"共生时代"逐渐得到了人们的认可和接受，成为了一个具有划时代意义的人工智能系统。

由文心大模型 3.5 生成

图 15-4　AI 按照要求创作的科幻小说

15.3　推 理 小 说

扫码看视频

推理小说是一种以逻辑推理方式来撰写故事的文学体裁。这类小说通常会设置一个谜题来推进故事，让读者寻找凶手或失物，以此来吸引读者的阅读兴趣。运用文心一言可以为用户提供创作推理小说的灵感，本节将介绍详细的操作方法。

15.3.1　分析风格，设置背景

让 AI 分析著名推理小说家的写作风格，在输入框中输入"请分析阿加莎·克里斯蒂(Agatha Christie)写作推理小说的风格"提示词，生成的回复如图 15-5 所示，确保 AI 对这位推理小说家有所了解。

请分析阿加莎·克里斯蒂（Agatha Christie）写作推理小说的风格

阿加莎·克里斯蒂（Agatha Christie）是英国著名的侦探小说家，她的作品风格独特，具有很高的文学价值和娱乐性。以下是对她写作推理小说的风格的分析：

1. 精心构建的情节和谜题：阿加莎的推理小说中，情节和谜题总是设计得十分巧妙和复杂。她的故事往往包含多个线索和角度，使读者在阅读过程中需要不断猜测和推断，增强了阅读的挑战性和趣味性。

2. 真实细腻的人物刻画：阿加莎笔下的人物形象鲜明，性格各异。她通过对人物内心世界的深入描写，使读者对角色的情感、动机和行为产生共鸣。同时，通过对人物关系的精心构建，使得故事中的情节发展更加合理和可信。

3. 独特的叙述风格：阿加莎的叙述风格简洁明了，语言生动流畅。她善于运用对话和描写来营造紧张氛围和揭示人物性格，使读者在阅读过程中能够身临其境。

4. 丰富的情感元素：阿加莎的推理小说中往往包含着丰富的情感元素，如爱情、友情、亲情等。这些情感元素为故事增色不少，同时也使读者在阅读过程中能够感受到更加真实的情感体验。

5. 意外的结局：阿加莎的推理小说结局往往出人意料，使得读者在阅读过程中需要不断调整自己的猜测和推断。这种出人意料的结局也使得她的作品具有更高的文学价值和娱乐性。

总之，阿加莎·克里斯蒂的写作风格独特，情节复杂、人物形象鲜明、情感丰富、结局意外，使得她的推理小说具有很高的文学价值和娱乐性。

文心大模型 3.5 生成

图 15-5　AI 分析推理小说家的写作风格

15.3.2　模仿风格，提出需求

让 AI 模仿著名推理小说家的写作风格，在输入框中输入"请模仿阿加莎·克里斯蒂(Agatha Christie)的写作风格，虚构一篇推理小说，字数在 1000 字以内"提示词，AI 会按要求生成推理小说，如图 15-6 所示。

请模仿阿加莎·克里斯蒂（Agatha Christie）的写作风格，虚构一篇推理小说，字数在1000字以内

在尼罗河畔的某个小镇上，美丽的少女艾丽丝·约翰逊在她的新书发布会上展示了她的小说《尼罗河上的秘密》。书中描述了一个神秘的谋杀案，发生在一个充满阴谋和危险的小镇上。这个小镇和尼罗河一样，充满了神秘和诱人的气息。

在发布会结束后，艾丽丝被发现死在了自己的房间里。她的脖子被猛烈地扭断了，就像一只小鸟的脆弱脖子一样。警方赶到现场，开始了对这个谋杀案的调查。

他们发现，艾丽丝的房间里有一个奇怪的符号，用口红画在镜子上的。这个符号看起来像是一个代表死亡的标志，但是它似乎隐藏着一些别的含义。口红是新买的，而且只用过一次。

警方询问了艾丽丝的亲友们，但是他们都说不知道这个符号的含义。艾丽丝的出版商也表示不知道这个符号的含义。警方只好继续调查，希望能够找到更多的线索。

在调查过程中，警方发现了一些奇怪的事情。艾丽丝的电脑中有一个隐藏的文件，里面记录了一些奇怪的信息。这些信息中提到了一个神秘的组织，以及一个计划。这些计划似乎和艾丽丝的死亡有关。

警方最终发现，艾丽丝是被一个神秘组织所杀害的。这个组织的目标是控制尼罗河的水源，从而控制整个国家。艾丽丝知道了这个计划，所以她被杀害了。

在这个案件中，警方成功地揭露了一个阴谋，并将罪犯绳之以法。他们也学到了一个教训：永远不要低估一个女人的力量和勇气。

图 15-6　AI 按要求生成的推理小说

在这个推理小说中，我们看到了阿加莎·克里斯蒂风格的典型特点：精心构建的情节和谜题、真实细腻的人物刻画、独特的叙述风格、丰富的情感元素以及意外的结局。虽然案件的发生地是在尼罗河群的小镇上，但是这种风格在其他地方也同样适用。无论是在城市还是在乡村，这种风格都能够为读者带来紧张刺激的阅读体验。

在这个故事中，作者通过描述艾丽丝的死亡和调查过程，展示了一个充满阴谋和危险的小镇。这个小镇上的人们都有着不同的动机和行为，这使得读者需要不断猜测和推断，增强了阅读的挑战性和趣味性。

此外，作者通过对艾丽丝的房间和出版商的描述，让故事中的情节发展更加合理和可信。这种真实细腻的人物刻画和独特的叙述风格使得读者能够身临其境地感受到故事中的紧张氛围和情感元素。

最后，故事的结局出人意料，使得读者需要不断调整自己的猜测和推断。这种意外的结局也使得这个故事具有更高的文学价值和娱乐性。

总之，阿加莎·克里斯蒂的写作风格使得她的推理小说具有很高的文学价值和娱乐性。这种风格在其他地方也同样适用，无论是在城市还是在乡村，它都能够为读者带来紧张刺激的阅读体验。

由文心大模型 3.5 生成

图 15-6　AI 按要求生成的推理小说(续)

15.4　历史小说

扫码看视频

历史小说是一种以历史人物和事件为题材的文学体裁，主要通过虚构或改编历史人物和事件来反映特定时期的社会面貌。

历史小说中的主要人物和事件都有历史依据，但是可以在此基础上进行适当的虚构和想象。因此，在一定程度上，历史小说既可以满足读者对历史知识学习的需求，又可以激发读者的阅读兴趣。运用文心一言可以为用户提供创作历史小说的灵感，本节将介绍详细的操作方法。

15.4.1　询问信息，点明主题

在输入框中输入对话指令，如输入"你知道赤壁之战这个历史故事吗"提示词，生成的回复如图 15-7 所示。

你知道赤壁之战这个历史故事吗

当然，我知道赤壁之战。这是中国历史上著名的战役之一，发生在东汉末年，孙权、刘备联军与曹操大军进行了一次大规模的战斗。

在赤壁之战中，孙权和刘备的联军以少胜多，成功地击败了曹操的大军。孙权和刘备的联军采取了火攻的战术，通过利用火船和弓箭等武器，对曹操的船队进行了攻击，最终取得了胜利。

这场战役不仅是中国历史上的一个重要转折点，也标志着三国鼎立的开始。在战役中，鲁肃发挥了关键作用，他成功地说服了孙权和刘备联合起来对抗曹操。同时，诸葛亮也发挥了重要作用，他提出了许多计策，帮助联军取得了胜利。

总之，赤壁之战是中国历史上一个非常著名的战役，它不仅改变了当时中国的政治格局，也成为了中国历史上的一个重要事件。

由文心大模型 3.5 生成

图 15-7　AI 对某一历史事件的了解

15.4.2　提出需求，创作小说

让 AI 根据这一历史事件来创作历史小说，输入"根据赤壁之战这一历史事件，进行合理的虚构或改编，创作一篇 300 字的历史小说"提示词，AI 会按照要求生成历史小说，如图 15-8 所示。用户可以参考 AI 生成的历史小说，借鉴其叙事风格、虚构方式等。

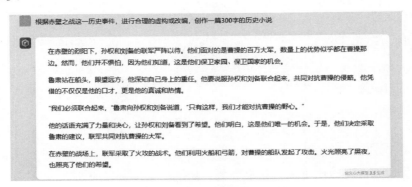

图 15-8　AI 生成的历史小说

15.5　现 实 小 说

扫码看视频

现实小说是一种以现实生活为故事情节来源，并反映现实生活中社会问题的文学体裁，极具客观性。与纪录片不同，现实小说并不是将生活中发生的事情原封不动地记录下来，而是通过典型环境下的某一典型人物来展现社会现实。

用户运用文心一言生成现实小说，重在让 AI 刻画出丰满的人物形象和描述事件、环境的细节。本节将介绍详细的操作方法。

15.5.1　提出需求，虚构故事

让 AI 根据种子词来虚构故事，如在输入框中输入"请根据以下种子词生成一篇300 字的现实小说。种子词：雪天、卖报纸的小女孩、馒头、火柴"提示词，AI 生成的回复如图 15-9 所示。

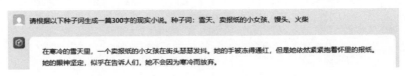

图 15-9　AI 根据种子词生成的现实小说

小女孩的母亲为了维持生计，每天清晨会帮小女孩准备一份馒头和一盒火柴，让她到街上卖报纸。虽然馒头对于小女孩来说是难得的美味，但她却总是舍不得吃，而是留给了年幼的弟弟。

这天，一位好心人买走了小女孩的最后一份报纸，还留下了一枚硬币。小女孩感激地望着他，却发现他的手也冻得通红。原来，这位好心人也是一个贫困的人，他告诉小女孩，火柴可以温暖手，也可以温暖心。

小女孩明白了他的意思，她用火柴点燃了报纸，暖和了自己的手和心。她想着自己的未来，心中充满了希望。在这个寒冷的雪天里，小女孩的心里却暖洋洋的。

由文心大模型 3.5 生成

图 15-9　AI 根据种子词生成的现实小说(续)

15.5.2　提出建议，优化故事

在输入框中输入"请做出以下修改：1. 让'报纸'在故事中发挥一定的作用；2. 确保小说中的所有逻辑是自洽的"提示词，AI 会对所生成的故事进行优化，如图 15-10 所示。

请做出以下修改：1，让"报纸"在故事中发挥一定的作用；2，确保小说中的所有逻辑是自洽的

在寒冷的雪天里，一个卖报纸的小女孩在街头瑟瑟发抖。她的手被冻得通红，但是她依然紧紧抱着怀里的报纸。她的眼神坚定，似乎在告诉人们，她不会因为寒冷而放弃。

小女孩每天都会早早地出门，来到繁华的市中心，将报纸摆在显眼的位置。她的报纸内容丰富，有国际新闻、体育赛事、娱乐八卦等，吸引了不少过路人的目光。每当有人购买报纸时，她都会热情地介绍各种新闻，让人感受到她的真诚和热情。

有一天，一位陌生的中年妇女来到了小女孩的摊位前。她看着小女孩冻得通红的手，心中不禁泛起了一丝同情。她买了一份小女孩的报纸，然后递给她一个热乎乎的馒头和一盒火柴，告诉她要好好照顾自己。

小女孩感激地接过馒头和火柴，心中充满了温暖。她意识到，这个世界上还是有很多好心人愿意帮助别人的。她突然想到了一个主意，她决定用火柴点燃报纸，既能取暖，又能吸引更多人的注意。

小女孩点燃了报纸，火焰跳跃着，散发出暖暖的光芒。过路的人们纷纷被吸引过来，他们看着小女孩手中的火光，也感受到了温暖和希望。小女孩的报纸销量也因此大增，她终于可以赚到足够的钱来维持生计了。

在这个寒冷的雪天里，小女孩用报纸和火柴点亮了自己的人生。她明白了，只要用心去做事，一切都有可能实现。而那些看似微不足道的东西，也许就是改变命运的关键。

由文心大模型 3.5 生成

图 15-10　AI 优化后的现实小说

可以看出，AI 优化后的现实小说虽然满足了提示词的要求，但对于人物的刻画和故事情节的描写不够深刻，且最后结局较为常见，有些落于俗套，没有较为深刻的思想。所以，AI 生成的现实小说仅能为用户提供创作灵感，不能完全照搬照抄。

第 16 章

制作广告类文案

学前提示

　　广告类文案主要是指用来宣传产品、推广品牌的文字内容，具有营销的性质。广告类文案主要包括报纸广告文案、广播广告文案、电视广告文案、网络广告文案、户外广告文案和杂志广告文案等。本章将介绍如何运用文心一言生成广告类文案的操作方法。

要点提示

▶　报纸广告文案

▶　广播广告文案

▶　电视广告文案

▶　网络广告文案

▶　户外广告文案

▶　杂志广告文案

16.1　报纸广告文案

报纸广告文案是指印刷在报纸上，用于宣传产品或推广品牌的文字内容。虽然报纸作为传统的媒介受到了新媒体的冲击，但它仍然是一种有效的广告宣传方式，因此报纸广告文案具有存在的价值。

用户运用文心一言生成报纸广告文案，可以让 AI 结合报纸广告文案的特点来创作文案，本节将介绍详细的操作方法。

16.1.1　输入提示，提供示例

在文心一言的输入框中输入对话前提，如输入"报纸广告文案是指印刷于报纸上，用于宣传产品或推广品牌的文字内容，一般语言简洁、生动活泼，有一定的美感。请提供 5 个报纸广告文案示例"提示词，生成的回复如图 16-1 所示，确保 AI 了解报纸广告文案的写法。

> 报纸广告文案是指印刷于报纸上，用于宣传产品或推广品牌的文字内容，一般语言简洁、生动活泼，有一定的美感。请提供5个报纸广告文案示例
>
> 1. 健康生活，品质之选——尽在我们的新一代产品！
>
> 健康与品质并重，我们的产品将为您提供最优质的生活体验。从今天起，选择我们，选择健康与品质的生活。
>
> 2. 为您的生活增添一份乐趣——全新产品线上市！
>
> 我们的新产品线将为您的生活带来无尽的乐趣和惊喜。无论是食品、电子产品还是生活用品，我们都将带给您最优质、最实惠的选择。
>
> 3. 品牌力量，品质之选——尊享生活，由此开启！
>
> 我们的品牌代表着品质、创新和尊贵。选择我们，让您尊享生活的每一个瞬间。
>
> 4. 时尚前沿，品质生活——尽在我们的服装系列！
>
> 我们的服装系列将带给您最前沿的时尚体验，同时保证产品的品质和舒适度。无论是休闲装、商务装还是运动装，我们都将满足您的需求。
>
> 5. 快乐购物，轻松生活——选择我们的电商平台！
>
> 我们的电商平台将为您提供一站式的购物体验，从家电、家居到食品、日用品，应有尽有。让您快乐购物，轻松生活！
>
> 由文心大模型生成

图 16-1　AI 生成的报纸广告文案示例

16.1.2　提出需求，生成文案

继续输入具体的需求，如输入"请提供 5 个报纸广告文案，主题为宣传洗衣液这一产品，要用对偶手法和朗朗上口的语言来写作"提示词，生成的回复如图 16-2 所

示，让 AI 生成正式的报纸广告文案。

图 16-2　AI 生成正式的报纸广告文案

扫码看视频

16.2　广播广告文案

广播广告文案是指通过广播类的媒体平台进行宣传和推广的广告词，需要由主播口头播出。这类广告文案在结合广播内容的特性，如主要以情感类话题为主的广播，其广告文案的用语会更亲切，能够带给人治愈和温暖的感觉。

除此之外，广播广告文案的表达方式不能过于书面化，否则就像在念稿，容易让人失去兴趣。

因此，在运用文心一言生成广播广告文案时，需要注意这些要点。本节将介绍如何运用文心一言生成广播广告文案的操作方法。

16.2.1　分析实例，了解写法

提供给 AI 广播广告文案的实例，在输入框中输入"舒适入眠，一夜好梦——全新记忆棉床垫！请结合广告词的特征，来分析这则广告文案"提示词，生成的回复如图 16-3 所示，让 AI 通过分析实例来了解广播广告文案的写法。

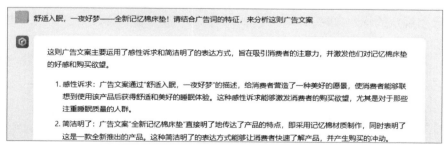

图 16-3　AI 分析广播广告文案的实例

2. 简洁明了：广告文案"全新记忆棉床垫"直接明了地传达了产品的特点，即采用记忆棉材质制作，同时表明了这是一款全新推出的产品。这种简洁明了的表达方式能够让消费者快速了解产品，并产生购买的冲动。

3. 口头化语言：广告文案中使用了口头化的语言，如"舒适入眠""一夜好梦"，使文案更具有亲和力和生活气息，拉近了与消费者的距离，有利于增强广告的吸引力。

4. 强调产品的优势：广告文案中虽然没有明确提及产品的优点，但是通过"全新记忆棉床垫"的表述，可以暗示记忆棉床垫具有更好的舒适度和支撑性能，是消费者提升睡眠质量的理想选择。

5. 调动情感：广告文案通过调动消费者的情感，使他们更容易产生购买的兴趣。例如，"舒适入眠"和"一夜好梦"的描述，能够让消费者联想到自己在使用这款床垫后能够拥有更好的睡眠体验。

综上所述，这则广告文案通过感性诉求、简洁明了、口头化语言、强调产品的优势以及调动情感等手法，成功地吸引了消费者的注意力，并激发了他们对记忆棉床垫的好感和购买欲望。

由文心大模型 3.5 生成

图 16-3　AI 分析广播广告文案的实例(续)

16.2.2　模仿写法，生成文案

输入具体的需求，如"请模仿上述广告文案的写法，提供键盘产品的广告文案"提示词，AI 会根据实例生成广播广告文案，如图 16-4 所示。

> 请模仿上述广告文案的写法，提供键盘产品的广告文案
>
> 轻盈触感，流畅打字——全新机械键盘！
>
> 这是一款让你体验到打字乐趣的机械键盘。精选优质材料，经过精密工艺打造，每一个按键都经过精心调校，为你带来无与伦比的舒适体验。轻盈的触感，让你在打字时如同行云流水，享受指尖的舞蹈。全新机械键盘，是你工作和娱乐的最佳伙伴。现在购买，还有机会获得我们的独家优惠！
>
> *由文心大模型 3.5 生成*

图 16-4　AI 根据实例生成的广播广告文案

扫码看视频

16.3　电视广告文案

电视广告文案是指在电视媒体上传播的文字内容，主要是用于传播产品或服务信息，以吸引观众的购买兴趣。

电视广告文案包括讲述故事型、情感共鸣型、产品展示型、问题引导型、比较型和幽默型等不同类型，用户在运用文心一言生成这类文案时，可以根据文案类型来编写提示词。本节将介绍如何运用文心一言生成电视广告文案的操作方法。

16.3.1　模仿写法，生成广告语

让 AI 生成产品的广告语，如输入"请提供适合于保温杯产品的广告语"提示词，得到的回复如图 16-5 所示。

请提供适合于保温杯产品的广告语

1. 保热保冷，全靠你我——保温杯，冷热随心，生活更随心。
2. 温度不变，情意不断——保温杯，传递温暖，温馨随身。
3. 寒冷冬日，一杯在手，温暖在心——保温杯，给你冬日里的温暖。
4. 温度长久，爱意永恒——保温杯，珍藏每一刻的温度。
5. 保温杯，随身携带的温暖——无论何时何地，都能给你最需要的温度。
6. 寒冷冬日，热饮不断——保温杯，让你享受四季如春的温暖。
7. 随时随地，享受温度——保温杯，你生活中的最佳伴侣。
8. 保冷保热，智能调控——保温杯，科技与生活的完美结合。
9. 喝出温度，品出生活——保温杯，照顾你每一天的饮品需求。
10. 保温杯，让你每天都有恰到好处的温度——享受生活的每一刻。

由文心大模型 3.5 生成

图 16-5　AI 生成保温杯产品的广告语

16.3.2　选择广告语，生成文案

选择其中一则比较满意的广告语来编写提示词，如输入"以'寒冷冬日，热饮不断——保温杯，让你享受四季如春的温暖'这则广告语，来策划一个创意广告，要带有情境和生活画面，对受众有感染力"提示词，得到的回复如图 16-6 所示。

以"寒冷冬日，热饮不断——保温杯，让你享受四季如春的温暖"这则广告语，来策划一个创意广告，要带有情境和生活画面，对受众有感染力

以下是一则基于"寒冷冬日，热饮不断——保温杯，让你享受四季如春的温暖"广告语的创意广告策划：

一、广告主题：
"四季如春的温暖，源自你手中的保温杯。"

二、广告创意：

1. 场景设定：

（1）初始画面：冬日的早晨，阳光透过窗户照进屋内，一位年轻人正在用保温杯喝着热咖啡，享受着冬日的温暖。

（2）转换画面：随着广告语的朗读，画面切换到年轻人出门上班、上学、旅行等不同的生活场景，始终保持保温杯不离手。

（3）结尾画面：回到家中，年轻人放下保温杯，微笑着看着手中的保温杯，流露出对它的依赖和喜欢。

2. 情感连接：

通过广告语和画面的结合，让观众感受到保温杯带来的温暖和舒适，以及它与人们日常生活的紧密联系。同时，通过年轻人在各种场景中使用保温杯的画面，传达出保温杯的便携性和多功能性。

图 16-6　AI 根据广告语策划的创意广告

三、广告语：

"寒冷冬日，热饮不断——保温杯，让你享受四季如春的温暖。"

四、广告目标：

让观众了解并认识到保温杯在日常生活中扮演的重要角色，以及它所带来的四季如春的温暖。同时，提高品牌知名度和产品销售量。

五、广告发布渠道：

电视、网络视频、社交媒体等。

由文心大模型 3.5 生成

图 16-6　AI 根据广告语策划的创意广告(续)

扫码看视频

16.4　网络广告文案

网络广告文案是指在网络平台上进行广告信息传播与推广的文字内容，其特点主要体现在传播范围广、传播形式多样和传播速度快。

用户在运用文心一言生成网络广告文案时，可以提供一些网络热词或热门元素作为提示，让 AI 能够融入这些元素生成相应的文案，本节将介绍详细的操作方法。

16.4.1　提供示例，输入需求

提供给 AI 相应的网络热词和需求，如输入"'栓 Q'是一个网络热梗，用来描述某种情况或言论的无语和不满。请融入'栓 Q'的含义，提供一则广告语"提示词，得到的回复如图 16-7 所示。

> "栓Q"是一个网络热梗，用来描述某种情况或言论的无语和不满。请融入"栓Q"的含义，提供一则广告语
>
> 🅖 "栓Q"是一种态度，是对无语和不满的表达。如果你在寻找一种表达方式，来体现这种情感，那么以下广告语可以满足你的需求：
>
> "栓Q，不谢！尽显无与伦比的无奈与不满。我们的产品，让你释放情绪，展现自我。"
>
> 这则广告语通过"栓Q"这一网络热梗，来表达对于某种情况或言论的不满和无语。同时，也传递了产品的特点，即能够让你释放情绪，展现自我。这种广告语具有很强的互动性和感染力，能够吸引目标受众的关注和兴趣。
>
> 由文心大模型 3.5 生成

图 16-7　AI 根据网络热词生成的广告语

16.4.2　提出需求，优化回复

优化 AI 的回复，如输入"请优化该则广告语，使其语句更为通顺、意思更为简洁"提示词，得到的回复如图 16-8 所示。

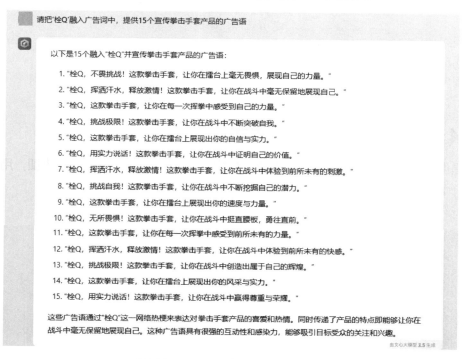

图 16-8　AI 重新生成的广告语

16.4.3　融入实例，生成文案

输入真正的需求，如输入"请把'栓 Q'融入广告词中，提供 15 个宣传拳击手套产品的广告语"提示词，生成的网络广告文案如图 16-9 所示。

图 16-9　AI 生成的网络广告文案

16.5　户外广告文案

扫码看视频

户外广告文案是指在室外展示的，用于宣传产品、推广品牌或呼吁行动的文字内容。这类文案通常以固定广告牌和移动广告两种形式呈现。

以固定广告牌形式呈现的户外广告文案，这类广告通常以公益广告为主；而以移动广告形式呈现的户外广告文案，则多用于宣传品牌。本节将为大家介绍如何运用文心一言生成固定广告牌形式的户外广告文案的操作方法。

16.5.1 提供示例，了解写法

让 AI 提供公益广告文案示例，输入"请提供 20 个公益广告文案示例"提示词，得到的回复如图 16-10 所示，确保 AI 了解公益广告文案的写法。

图 16-10 AI 生成的公益广告文案示例

16.5.2 提出需求，生成文案

让 AI 提供正式的公益广告文案，如输入"提供主题为提倡节约用水的公益广告文案，要结合节约用水的好处，有一定的创意和深意"提示词，得到适合于户外的公益广告文案，如图 16-11 所示。

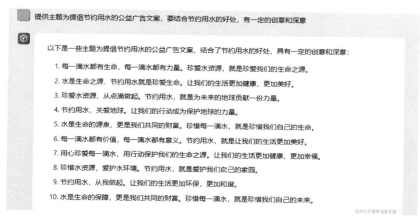

图 16-11　AI 生成适合于户外的公益广告文案

16.6　杂志广告文案

扫码看视频

杂志广告文案是以杂志为传播媒介而编写的文字内容。杂志广告文案的功能与其他广告文案的功能大致相同，在编写时只需注意结合杂志的受众特征。

通过文心一言，可以将品牌故事、产品特点和市场定位转化为具有感染力的文字，这样创作出的广告文案既符合杂志的风格和读者群体，又能凸显出品牌个性，吸引潜在客户的关注。本节将具体介绍如何运用文心一言生成杂志广告文案的操作方法。

16.6.1　输入提示，提供示例

在文心一言的输入框中输入"请提供适合用于杂志宣传的广告文案"提示词，得到的回复如图 16-12 所示，确保 AI 了解杂志广告文案的语言风格。

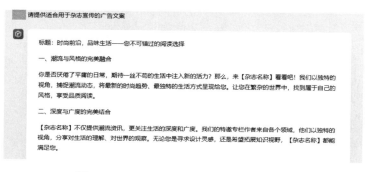

图 16-12　AI 生成的杂志广告文案示例

三、互动与体验的完美升级

在【杂志名称】，您不仅仅是读者，更是我们的合作伙伴。我们鼓励读者参与，提供互动平台，让您有机会分享自己的故事、展示自己的作品。此外，我们还举办各类线下活动，让阅读【杂志名称】成为一种全新的体验。

四、优惠与福利的完美呈现

为了感谢广大读者的支持，【杂志名称】特推出优惠活动。订阅【杂志名称】，即可享受全年免费赠品，以及专属会员优惠。此外，我们还会定期举办抽奖活动，让您有机会赢取丰厚大奖。

五、结语

【杂志名称】，不仅是时尚的引领者，更是生活的艺术家。我们邀请您一起探索、一起发现、一起享受阅读的乐趣。加入我们，让我们一起书写时尚的新篇章！

【杂志名称】，与您共享潮流生活！

由文心大模型 3.5 生成

图 16-12　AI 生成的杂志广告文案示例(续)

16.6.2　提出需求，生成文案

输入真正的需求，如输入“请用上述语言风格，提供护肤品品牌推广的广告文案，要求为：1. 内容新颖独特；2. 产品的亮点突出”提示词，得到的回复如图 16-13 所示。

标题：焕发自然之美，体验独一无二的护肤之旅

一、自然与科技的完美结晶

探索大自然的奥秘，发现【护肤品品牌】的独特魅力。我们秉持对自然的敬畏，运用先进的科技，为您打造出源于自然、超越自然的护肤体验。

二、核心成分，肌肤之所需

我们的产品富含多种珍贵成分，如天然植物精华、胶原蛋白和抗氧化物质。这些核心成分能有效滋养您的肌肤，让它恢复原有的活力与光泽。

三、创新科技，提升护肤效果

【护肤品品牌】独家研发的专利技术，确保了每一款产品都能发挥出最佳的护肤效果。我们的团队经过不懈努力，为您打造出与众不同的产品，让您的肌肤焕发出自然之美。

四、量身定制，满足不同需求

我们深知每个人的肌肤状况各有不同，因此【护肤品品牌】特别推出了多款针对不同肤质的产品线。无论您是油性、干性还是混合性肌肤，都能在这里找到适合自己的护肤方案。

五、优惠与赠品，尽享护肤乐趣

为了感谢大家的支持，【护肤品品牌】特推出限时优惠活动。购买我们的产品，即可享受精美赠品和会员专属优惠。此外，我们还定期举办抽奖活动，让您有机会赢取丰厚的奖品。

六、结语

踏上这场护肤之旅，让【护肤品品牌】为您带来焕然一新的肌肤体验。我们相信，您会爱上这种源自自然、超越自然的美丽感觉。快来加入我们，一起焕发自然之美吧！

由文心大模型 3.5 生成

图 16-13　AI 生成满足需求的杂志广告文案